博雅语言学书系

A STUDY FOR
COGNITIVE SEMANTICS
IN CHINESE SYNTAX

汉语句法的认知结构研究

张斌题

张旺熹 著

图书在版编目(CIP)数据

汉语句法的认知结构研究/张旺熹著. —北京:北京大学出版社,2006.6
(博雅语言学书系)
ISBN 978-7-301-10295-4

Ⅰ. 汉… Ⅱ. 张… Ⅲ. 汉语—句法—研究 Ⅳ. H146.3

中国版本图书馆 CIP 数据核字(2006)第 051440 号

书　　　名：汉语句法的认知结构研究
著作责任者：张旺熹　著
责 任 编 辑：沈　岚
标 准 书 号：ISBN 978-7-301-10295-4/H·1594
出 版 发 行：北京大学出版社
地　　　址：北京市海淀区成府路 205 号　100871
网　　　址：http://www.pup.cn
电 子 邮 箱：zpup@pup.pku.edu.cn
电　　　话：邮购部 62752015　发行部 62750672　编辑部 62752028
　　　　　　出版部 62754962
印 刷 者：三河市欣欣印刷有限公司
经 销 者：新华书店
　　　　　　730 毫米×980 毫米　16 开本　12.25 印张　240 千字
　　　　　　2006 年 6 月第 1 版　2007 年 4 月第 2 次印刷
定　　　价：25.00 元

未经许可,不得以任何方式复制或抄袭本书之部分或全部内容。
版权所有,侵权必究　举报电话：010—62752024
　　　　　　　　　电子邮箱：fd@pup.pku.edu.cn

本研究课题得到教育部人文社会科学重点研究基地重大项目"对外汉语教学参考语法研究"(项目批准号：02JAZJD740020)的部分资助。

目 录

出版前言 …………………………………………………………………（Ⅰ）

内容提要 …………………………………………………………………（Ⅱ）

序 ………………………………………………………………………（Ⅳ）

绪 论 ……………………………………………………………………（1）

第1章 "把"字句的位移图式

第一节 引言 …………………………………………………………（1）

第二节 典型"把"字句的空间位移图式 …………………………（2）

第三节 "把"字句位移图式的隐喻拓展 …………………………（7）

第四节 特殊"把"字句的两种可能解释 …………………………（12）

第2章 "连"字句的序位框架及其对条件成分的映现

第一节 引言 …………………………………………………………（15）

第二节 连字句形成的语义基础 ……………………………………（20）

第三节 有序名词的序位激活 ………………………………………（24）

第四节 无序名词的序位建构 ………………………………………（30）

第五节 序位框架对条件成分的映现 ………………………………（40）

第六节 小结 …………………………………………………………（48）

第3章 重动结构的远距离因果关系动因

第一节 引言 …………………………………………………………（52）

第二节 以结果的偏离性为基础的致使性重动结构 ………………（53）

第三节 以动作行为的超常量为基础的描述性重动结构 …………（56）

第四节 以结果的偏离性为基础的描述性重动结构 ………………（58）

第五节 重动结构的远距离因果关系动因 …………………………（60）

第4章 汉语句法重叠的无界性

- 第一节 引言 …………………………………………（65）
- 第二节 无界量的三种基本形态 ……………………（68）
- 第三节 动词重叠的无界小量特征 …………………（72）
- 第四节 形容词重叠的无界大量特征 ………………（82）
- 第五节 量词重叠的无界逐量特征 …………………（89）
- 第六节 小结 …………………………………………（95）

第5章 汉语介词衍生的语义降级机制

- 第一节 基本问题与非终结动词 ……………………（96）
- 第二节 空间动词的非终结性特征 …………………（99）
- 第三节 操作动词的非终结性特征 …………………（101）
- 第四节 依凭动词的非终结性特征 …………………（103）
- 第五节 关系动词的非终结性特征 …………………（105）
- 第六节 遭受、使令动词的非终结性特征 …………（107）
- 第七节 语义降级机制对介词衍生的影响 …………（109）
- 附 汉语非终结动词的类别及例词 ………………（113）

结　语 …………………………………………………（115）

参考文献 ………………………………………………（122）

术语索引 ………………………………………………（131）

后　记 …………………………………………………（141）

附录1 从视点平行移动看持续体"着"的语义形成机制 …………（143）

附录2 从词汇研究到语法研究 …………………………（164）

Contents

Foreword ·· (Ⅰ)

Abstract ·· (Ⅱ)

Preface ··· (Ⅳ)

Introduction ··· (1)

Chapter 1 The Displacement Schema of the Ba-sentence

    Section 1   Introduction ·· (1)

    Section 2   Spatial Displacement Schema ······································· (2)

    Section 3   Metaphorical Mapping of the Displacement Schema ············ (7)

    Section 4   Two Reasonable Explanations for the Special

                   Ba-sentence ·· (12)

Chapter 2 The Sequential Framework of the Lian-sentence and the

             Projection on Conditional Constituent

    Section 1   Introduction ·· (15)

    Section 2   Semantic Basis ··· (20)

    Section 3   Sequential Activation of the Ordered Nouns ···················· (24)

    Section 4   Sequential Formation of the Unordered Nouns ················· (30)

    Section 5   Projection on Conditional Constituent ···························· (40)

    Section 6   Conclusion ··· (48)

Chapter 3 Distant Causality Motivation of the Verb Copying Construction

Section 1 Introduction ·· (52)

Section 2 Causative Verb Copying Construction Based on Deviant Results ·· (53)

Section 3 Descriptive Verb Copying Construction Based on Super-constants of Motion ·· (56)

Section 4 Descriptive Verb Copying Construction Based on Deviant Results ·· (58)

Section 5 Distant Causality Motivation of Verb Copying Construction ······ (60)

Chapter 4 The Unboudedness of Syntactic Reduplication in Chinese

Section 1 Introduction ·· (65)

Section 2 Three Basic Forms of Unbounded Quantity ·················· (68)

Section 3 Unbouded Small Quantity Feature of the Reduplication of Verbs ·· (72)

Section 4 Unbouded Large Quantity Feature of the Reduplication of Adjectives ·· (82)

Section 5 Unbouded Gradual Quantity Feature of the Reduplication of Quantifiers ·· (89)

Section 6 Conclusion ·· (95)

Chapter 5 A Semantic Demotion Mechanism of the Prepositions Derivation in Chinese

Section 1 Basic Issues and the Non-terminating Verbs ··················· (96)

Section 2 Non-terminating Feature of the Spatial Verbs ··················· (99)

Section 3 Non-terminating Feature of the Operative Verbs ············ (101)

Section 4 Non-terminating Feature of the Dependent Verbs ··········· (103)

Section 5 Non-terminating Feature of the Relative Verbs ··············· (105)

Section 6 Non-terminating Feature of the Causative Verbs ············ (107)

Section 7　The Semantic Demotion Mechanism's Effect
　　　　　on the prepositions Derivation ·· (109)
Appendix　Classification and Sample Words of the
　　　　　Non-terminating Verbs ·· (113)

Conclusion ··· (115)
References ··· (122)
Term Index ·· (131)
Postscript ··· (141)

Appendix 1　**A Study for the Mechanism of Forming the Grammatical**
　　　　　　　Meaning of "*zhe***"** ··· (143)
Appendix 2　**From Lexical Research to Grammatical Research** ············· (163)

出版前言

本书是我 2004 年 6 月在上海师范大学提交答辩的博士学位论文。趁此次出版的机会,校订了原稿中的文字差错,增列了术语索引,正文内容未作改动。

2006 年初合作完成的《从视点平行移动看持续体"着"的语义形成机制》一文是博士论文研究思路的延续;《从词汇研究到语法研究》是我近年来从事汉语语法研究的个人体会,因都与正文内容关系密切,故以附录刊出,以便参阅。

衷心感谢上海师范大学张斌先生为本书题签,衷心感谢我的导师齐沪扬教授为本书作序。

感谢我的研究生姚京晶、于萍、朱文文三位同学为书稿的整理、校订和英文翻译工作所提供的各种帮助。

感谢北京大学出版社沈岚女士为本书出版所付出的心血。

张旺熹

2006 年 5 月 20 日

内容提要

本文以"汉语句法的认知结构研究"为题,重点选择"把"字句、"连"字句、重动句、句法重叠和介词衍生这五个重要的句法现象,围绕句法的认知结构展开研究,旨在探求汉语句法的语义结构形成的认知基础。

本文在"形式与意义相互验证"的基础上,探讨"意义是如何形成的"这一语言心理现实性问题,这对汉语作为第二语言的语法教学具有重要的理论价值。本文主要以认知语义学(cognitive semantics)的基本观念为指导,特别注重对词汇和句式之间互动关系的考察,坚持把语料库语言学的研究手段与认知语言学的研究观念结合起来,在大规模语料库或实际的口语调查的基础上进行定量统计分析,对汉语的五个重要句法现象提出了一些新的认识:

典型的"把"字句凸显的是一个物体在外力作用下发生空间位移的过程,这种空间位移过程的图式通过隐喻拓展形成了"把"字句的系联图式、等值图式、变化图式和结果图式等四种变体图式。这不同于"处置"和"致使"的解释。

"连"字句是用来实现人们对外部事物进行序位化心理操作的一种句法手段。这种序位化的心理操作过程,在汉语中是通过有序名词的序位激活和无序名词的序位建构实现的。当名词空间序位框架映现到动词之上时,便会形成时间序位框架,从而实现为条件成分的映现。

汉语重动结构主要表现的是结果的偏离性和动作行为的超常量这两个语义范畴。结果的偏离性以远距离因果关系为动因,动作行为的超常量通过换喻而与结果的偏离性达成统一。这种远距离因果关系动因在本质上体现为说话人对因果关系的一种心理操作方式。

汉语三种主要的句法重叠形式,反映了人们用"无界"的观念看待外部世界的三种基本认知方式,即动词重叠以惯常性为基础表现"无界小量",形容词重叠以非比较性为基础表现"无界大量",量词重叠以时间一维性为基础表现"无界逐量"。汉语不同的句法重叠统一表现无界的量。

  汉语中衍生为基本介词的动词具有非终结性特征。非终结动词在句法语义上都要求后续或追加动词短语,形成连动结构或兼语结构,以满足句子语义完形的要求。而当一个句子同时出现多个动词短语时,受语言结构主从关系原则的制约,非终结动词短语就要发生语义降级。因此,汉语介词的产生可能是一部分非终结动词在连动结构或兼语结构中由人们心理上的语义降级而产生的句法后果。

  本文对汉语句法语义机制也提出了一些新的理解:(1)特定句法结构的语义来自人们把握外部世界时心理上的某种认知方式,这种认知方式制约着句法的认知结构;(2)隐性的量范畴在汉语句法的认知结构中占有非常重要的地位,是对句法结构起着最深刻影响的语义范畴之一,深入挖掘这种隐性量范畴的语义制约作用是非常重要的研究任务之一;(3)词汇作为语义承载的最基本单位,与句法的语义结构之间具有明确的互动关系。把握这种句法与词汇之间的互动关系,是我们切入汉语句法研究的一个新的角度。

序

和旺熹最初是什么时候认识的,我确实记不清了。待到 1996 年秋季在韩国汉城邂逅时,我已经和他相当熟悉了。他乡遇故知,对我和他来说,都是一件十分愉快的事,我们在一起相聚过好几次,长谈过好几次,说得最多的自然是有关学术,有关发展的问题。当时我还是副教授,升正教授,当博导似乎是很遥远的事;而他,也正为《世界汉语教学》编务工作的繁忙苦恼,对于读学位也还只有朦胧的念头。有一次酒足饭饱之后,我与旺熹说:"如果哪一年我当上了博导,你愿意的话,我第一个招你。"他回答我说:"只要你招,我肯定第一个来考。"说完两人哈哈大笑。谁都认为这可能只是一个玩笑而已,但这种玩笑对于一诺千金的我和他来说,潜意识里却已经将它化为庄重的约定了。

2000 年上海师范大学语言学及应用语言学博士点申报成功,第二年我开始招收首届博士研究生,这时我想到了远在北京的旺熹。我给旺熹打电话,告诉他我已经可以招收博士研究生了,问他是否有来读书的念头。于我,这是兑现自己诺言的表现;于那时的旺熹,事业正在成熟,学问日渐高深,又担任着繁重的编辑、教学和研究工作,能下定决心舍近求远到上海读学位吗?我不敢肯定。谁知旺熹也要兑现他的诺言,据说报考的过程还挺曲折。但是到了 2001 年的秋天,旺熹的身影出现在桂林路上海师大的校园里了。我与他,也从朋友关系变为师生关系。

旺熹的做人,可以概括为两点,一是诚恳,二是认真。他一到上海师大,便要与我行弟子之礼,与以往相比,少了一份洒脱,多了一点拘谨。我不以为然,但他却执意要如此,并身体力行,我在他的诚恳与认真之中,逐渐地麻木。我的许多硕士研究生都称他为"张老师",但他始终叫他们"师弟、师妹",从来不端架子,因此他在上海师大研究生中很有人缘;再加上他慢吞吞的好脾气,更得到众多同学的喜爱。大家都说他到了上海就"心旷神怡,乐不思蜀",是戏谑,但确实也有真实的成分。旺熹的"认真"在他参加研究生合唱团的日子里表现得淋漓尽致,他是当年合唱团里有名的"三大男高音":这个"高",是说四十岁的他年龄"高",是说练唱时他的声音"高"。他的歌喉并不美妙,但他的投入绝对是一流的:他的认真,他的投入感动了许多真正的高音们和低音们。尽管参加比赛时旺熹缺席了,但那次比赛拿到上海市一等奖不能说没有旺熹的影响和旺熹的功劳。

旺熹做人的原则也体现在他做学问和写论文上,"文如其人",确实如此。他的博士学位论文《汉语句法的认知结构研究》,重点选择"把"字句、"连"字句、重动句、句法重叠和介词衍生这五个重要的句法现象,围绕句法的认知结构开展研究。在"形式与意义相互验证"的基础上,探讨"意义是如何形成的"这一语言心理现实性问题,这对汉语作为第二语言的语法教学具有重要的理论价值。他的文章朴实无华,在汲取和借鉴认知语言学理论的过程中,不故弄玄虚,不哗众取宠,对隐藏于这五种句法现象后面的认知动因进行了全方位的探索和解释,明确提出了汉语语法现象中的"隐性量范畴"这一重要概念。在做论文的过程中,旺熹特别注重对词汇和句式之间互动关系的考察,坚持把语料库语言学的研究手段与认知语言学的研究观念结合起来,在大规模语料库或实际的口语调查的基础上进行定量统计分析。这些烦琐、劳累的案头工作,常常为一些爱谈理论的人所不屑,但旺熹不敢不这么做,也必然会这么做,这是他的风格使然,也是他的要求使然。

旺熹的博士学位论文在答辩过程中受到答辩委员会专家的一致好评:北京语言大学赵金铭教授认为"论文有坚实的理论根基,立论扎实而稳妥";复旦大学范晓教授认为这项研究"目标一致、角度一致、方法统一……显示出作者创造性的眼光和严谨深刻的思维过程。是一篇优秀的博士学位论文";上海师范大学张谊生教授认为论文"无疑是迄今为止运用认知语言学理论研究汉语这五个方面句法现象的富有独到创见、颇有理论价值的一项重要的研究成果"。答辩委员会一致认为该文为优秀的博士学位论文,在决议书上给予了很高的评价:思路开阔,观察细密,分析入微,论述既有深度,又有章法,充分显示了作者敏锐的观察能力,坚实的理论功底和踏实的研究风格。以作者的研究态度和论文的学术质量,我觉得这样的评价是公允的。

旺熹长年做编辑工作,工作经历为他带来了许多深入的思考,透过论文本身,这种思考更具有普遍性。在学术界探讨"意义是如何形成的"这一语言心理现实性问题时,旺熹的博士论文,在以下三个方面深化了人们对汉语句法机制的认识:

(1) 特定的句法结构的语义来自人们把握外部世界时心理上的某种认知方式,这种认知方式制约着句法的认知结构;

(2) 隐性的量范畴在汉语句法的认知结构中占有非常重要的地位,是对句法结构起着最深刻影响的语义范畴之一,深入挖掘这种隐性量范畴的语义制约作用是非常重要的任务之一;

(3) 词汇作为语义承载的最基本单位,与句法的语义结构之间具有明确的互动关系。把握这种句法与词汇之间的互动关系,是切入汉语句法研究的一个新的角度。

我比旺熹年长十二岁,都是属虎的。"明知山有虎,偏向虎山行",属虎的人也许都愿意在虎山上行走:明明知道做个认真的人会生活得很累,却偏要万事都要先说上"认真"二字;明明知道做语法论文很累:需要思想,需要耕作,需要在枯燥乏味的事例和数据中寻找规律,但还是心甘情愿地在里面流连忘返、自得其乐。旺熹是这样想的,也是这样做的。

权将上文作为本书的序。

2006 年 4 月于上海

绪 论

1. 题旨

本书以"汉语句法的认知结构研究"为题,旨在深入探求句法的语义结构形成的认知基础。显然,这样一个开放性的研究课题,绝非本书所能完成。因此,我们目前并不打算做系统建构的工作,只是选择汉语系统中的"把"字句、"连"字句、重动句、句法重叠和介词衍生这五个在汉语语法系统中极为重要的句法现象,围绕句法的认知结构,开展尝试性的研究工作。希望能初步揭示汉语句法的认知结构,把握句法形式的内在语义系统。

2. 选题缘由

我们之所以选择这样的论题来开展研究,是基于下面三个缘由:

第一,"形式与意义相互验证"研究范式有所不足。"形式与意义相互验证"的研究范式,长期以来被奉为语法研究的金科玉律,它指导人们在汉语语法的研究中取得了丰硕的成果。但是这种研究范式在方法论上的局限也是不可否认的。我们认为,"形式与意义相互验证"的前提首先是我们要明确形式有哪些,意义是什么。但实际上,单就语言单位中的意义而言,也还有很多并不为我们所知的成分。比如"汉语中的'了'的意义是什么"就是这样一个长期令人头疼的问题。对意义的不甚明了,是因为我们对"语言单位的意义是如何形成的"这样一些基本问题还没有足够的把握和了解。因此,本文希望能在"形式与意义相互验证"研究方法的基础上,把研究的触角推进一步,旨在寻找意义形成的内在机制。这样的研究,我们相信,至少是对现有语法研究的一个补充。

第二,语言的心理现实性是语言研究的根本任务之一。对"意义是如何形成的"关注,涉及语言的心理现实性这一语言研究的根本问题。因此,对汉语句法的认知结构的研究,毫无疑问,会进一步揭示汉语句法的种种独特的心理现实。"意义是如何形成的"这一问题,本质上是在探讨"人们用怎样的眼光看待外部世界"这一心理特质问题。因此,对句法认知结构的研究,本质上就是在解释汉语句法的心理现实性。对语言心理现实性的描述与阐述，也是语言研究的根本任务之一。从这个角度说，对句法认知结构的研究，具有非常重要的理论价值。

第三，为汉语作为第二语言的语法教学提供理论基础。从语法的理论研究为教学实践服务的角度来理解，对句法的认知结构这一心理现实性的揭示，也是服务于汉语作为第二语言语法教学的实际需要。第二语言学习者对一个新的语言系统的获得，绝不仅仅只是一个掌握外在的语言符号系统的过程。语言系统的任何一个符号单位，都是以它所对应的心理存在为基础的。句法作为语言系统中最为重要的一个符号系统，理所当然地具有语言的心理现实性。因此，从本质上讲，对一个语言系统的获得，也就是对这个语言的心理现实性系统的获得，儿童语言习得的过程就是如此。如果我们从这个角度来理解，那么，汉语句法的认知结构研究，就必然会为汉语作为第二语言的语法教学提供最为基础性的理论前提。因此，无论是从理论探讨的角度还是从切合实际需求的角度讲，对汉语句法的认知结构研究都是非常有意义的论题。

3. 理论背景与研究目标

作为一个开放式的专题研究，本书主要以认知语义学（cognitive semantics）的基本观念为指导，重点讨论汉语中五个重要句法结构的语义基础问题。认知语义学的思想核心在于，把意义等同于概念化——属于心理经验部分的各种结构和过程。认知语义学主张意义包括百科知识，不承认语言世界和语言外世界有明确分界；凡是有关一个实体的任何知识都可能成为这个实体意义的一部分。词项因此通常是多义的，可分析为一系列相关涵义构成的网络。认知语义学的一个中心思想是概念内容的"识解"（construed）方式：一个词项的识解取决于好几方面的因素，包括其所在的"认知域"（如空间、时间、颜色）等和视角与显著度的变化等等（〔英〕戴维·克里斯特尔，2000）。

同时，我们在研究的操作层面，特别注重对词汇和句式之间互动关系的考察。因此，我们借鉴、吸收了近年来兴起的构式语法（Construction Grammar）的一些思想观念。构式语法强调，语法结构式是独立于词汇语义规则之外的语法事实。句式语义跟词汇语义之间是一种"互动"（interaction）的关系，典型的词汇语义为句式语义的形成做出过贡献，但句式语义又可以反过来赋予一些非典型的词汇该句式所独有的意义。因此，一个表达式的意义是把词汇项意义整合进句式意义的结果。（参看 Goldberg，1995；Zhang，1998；张伯江等，2000）而同样注重词汇与句法之间的相互选择与相互制约作用的词汇语法（Lexical Grammar）理论中许多研究观念，也对本书研究思路的形成产生重要的影响。

总体来说，本书以认知语义学为理论基点，以词汇与句法互动关系的考察为操作手段，深入讨论汉语中5个重要句式的认知语义问题。

本书的研究目标主要有三个：

第一，揭示各个重要句式的认知语义结构形成的动因，归纳它们各自的核心语法意义，力求对这些句法的语义做出新的、统一的解释。

第二，在把握各个句法结构核心意义的基础上，描写各句式语义系统内部的语义分化条件，揭示彼此间的相互联系与区别，描写句法语义的典型范畴、次范畴之间的内在联系性。

第三，对进入各句式的相关词汇项进行定量统计分析，观察并揭示特定词汇成分与特定句式之间的相互选择、相互制约关系。

4. 研究思路与研究方法

面对本书要进行的开放性、专题式研究的特点，我们的研究思路是不追求完整、系统的框架建构，而追求各个专题研究的精深与创新。但是，这并不意味着各个专题的研究可以信马由缰。为了保证全文各专题研究的内在统一性，我们力求做到以下三点：

研究目标的统一。在各个专题的研究中，都围绕预先设定的三个目标（揭示认知语义结构、描写内部语义小类、注重词汇与句法的互动关系）来开展研究，以保证研究内容和研究层次上的统一性。

研究角度的统一。在各个专题的研究中，注重从词汇语义特征的角度去观察句法意义的形成基础，从句式意义的角度去分析词汇选择对句式意义变化所产生的影响，从而揭示汉语句法形成与词汇选择之间的互动关系。

研究方法的统一。在各个专题的研究中，坚持以相当规模的语料作为分析对象（本研究所使用的语料，都来自于大规模语料库或实际的口语调查），在定性、定量统计分析的基础上，对实际语料进行细致的分类描写（每个专题研究所使用的语料都达到一定的规模），把语料库语言学的研究手段与认知语法的研究观念结合起来，是我们所始终坚持的。

第1章

"把"字句的位移图式

第一节 引 言

"把"字句的问题是现代汉语语法研究中长盛不衰的一个热门话题,因为它与汉语语法体系的许多问题密切相关。在迄今为止的数百篇有关"把"字句研究的论述中,早期的"处置式"因过于笼统而逐渐为新的认识所取代。近十几年来,不断有学者对"把"字句的内部语义做出新的分析和解释。其中比较有代表性的观点有:

薛凤生(1987)认为:"把"字句中的 VP 必须是一个说明由于某一行动而造成 B 的某一状态的描述语段。薛凤生(1994)进一步把"把"字句(A 把 B+C)的语义诠释为"由于 A 的关系,B 变成 C 所描述的状态"。

崔希亮(1995)对薛凤生的观点予以修正,他把典型的"把"字句的语义描述为:VP 是一个描述性语段,其功用在于说明 B 在某一行动的作用下所发生的变化。

沈阳(1997)通过观察"把"后名词的句法性质和特点,从多重移位的角度,对"把"字句的构造过程和语义做出新的解释。他认为:"由于把字句成分数量多,结构形式复杂,所以才需要一种特殊的能够在结构并合过程中保持成分一致性和结构一致性的语法形式,而名词的多重移位正是使把字句能够用简单一致的形式构造复杂结构类型的一种重要手段"。

杨素英(1998)认为,"把"字句表现某物、某人、某事经历一个完整的变化过程,或者有终结的事件。"把"字句的三种最初用法是:处置(给)是一个完整的物件传递过程,其终结点为收受人;处置(到)也是一个完整的物件安置过程,其终结点为目的地;处置(作)也是一个完整的关系确立过程,终结点是确立的称谓。

应该说,这些论述体现了人们对"把"字句认识的不断深化。同时,我们也感到,这些语义解释对"把"字句来说仍然显得有些宽泛。我们希望能在此基础上进一步探讨"把"字句的语义问题。

我们特别注意到,崔希亮(1995)指出,典型"把"字句的第三类表示"某一行动使 B 或将要使 B 的位置发生位移"。同时,我们也高兴地看到,齐沪扬(1998)在《现代汉语空间问题研究》中多次把"把"字句作为位移句的一个小类加以讨论。邱广君(1999)在讨论动词的方向体系时也涉及"把"字句。这些论述隐约地透露出"把"字句与位移意义之间的密切联系,对我们重新思考"把"字句的语法意义是极有启发的。

我们从 1996 年第 1 季度《人民日报》(总计 577 万字)的语料中收集来 2160 个"把"字句。[①] 在对这些例句的观察中,我们得到了这样的感觉:"把"字句所表现的可能是一个以空间位移为基础的意象图式及其隐喻系统。从这个角度来观察、描写和解释"把"字句,把"空间位移"提高到"把"字句的核心语义范畴来认识,是本文所追求的目标。本文讨论的"把"字句,不涉及"把"前名词成分,而主要指"把+N+VC"形式。

第二节 典型"把"字句的空间位移图式

2.1 "把"字句的方位介词短语和趋向补语成分

说到"把"字句,在人们的印象中,总以为是结果补语和状态补语形式出现得最多、最自然,并认为这些是典型的句法形式。可是当我们面对来自实际语料的 2160 个"把"字句时,我们发现,明确表示物体发生位移的 VP 结构就有一半,而它们又基本上以方位介词短语和趋向动词为补语标记。如果我们把其他意义小类中以介词短语和趋向动词作补语的"把"字句也包括进来的话,这个优势还将

[①] 本文语料的收集和统计,得到了陈小荷先生和郑艳群女士的热情帮助,谨此致谢。

继续扩大,足见位移特征在"把"字句中占有明显的优势。① 在此意义上,我们主张把主要由方位介词短语和趋向动词充当补语且表示物体发生空间位移的"把"字句当作"把"字句系统中的典型形式来认识。

2.2 典型"把"字句的句法形式

我们认为,典型的"把"字句表现一个物体在外力作用下从甲点转移到乙点的位移过程。它应该包含四个基本要素:将要位移的物体、所在起点、外力(动力动词)(参看崔希亮,1995)、物体所移至(移向)的终点(方向)。在实际语言使用中,只有极少数"把"字句是以这样完整的标准形式出现的:

(1) 把家从枣庄搬到山亭。

(2) 几名青年从面包车上把东西搬上一条货船。

例(1)中的"家""枣庄""搬""山亭"和例(2)中的"东西""面包车""搬""货船"就是完整位移过程的四要素。

有时候,物体所在的起点不是用状语而是用定语的形式来表达:

(3) 在欢宴结束时,周总理提议把桌上的鲜菊花赠送给杉村和高峰两位女士。

(4) 第二天就把自己买文具盒的2元钱寄给了郭连英。

例(3)中的"桌上的"和例(4)中的"自己买文具盒的"都标明了物体位移的起点。

但是,"把"字句80%的情况是,将要受力的物体所在的起点被隐含,形成只有物体、动力和位移终点共现的典型形式:

(5) 指导员李才和徐向晨把陈淑华领回村。

例(5)中的"陈淑华""领""村"是位移过程中的三个要素,其起点在人们的经验世界里可以补出来,比如"县城""外村"之类。

我们认为,具有空间位移过程的意象图式是最适合于用"把"字句来表现的。

---

① 也许有人会怀疑这是特定的《人民日报》语料使然。但是,北京语言文化大学研究生徐卡嘉同学统计了王朔小说(基本上为口语体)65万字的语料,共得1049个"把"字句,其中介词短语和趋向动词作补语的比例与本文的统计结果大致相同。

反过来说,"把"字句是用来凸显一个物体在外力作用下发生空间位移过程的典型句法形式。

2.3 以物理空间位移框架为基础的空间位移系统

我们所说的"把"字句对空间位移图式的表现,不仅指物体在物理空间的位移,而且还指物体(包括抽象物体)在诸如时间、人体空间、社会空间、心理空间、范围空间以及泛方向空间等不同空间层面上的位移,它们共同构建了"把"字句表现空间位移过程的完整图式。

从统计角度看,在2160个"把"字句中,有1121个表现空间位移的"把"字句。我们把表示各个空间层面的"把"字句所占比例在下表列出:

空间层面	物理	时间	人体	社会	心理	范围	泛方向
数量	263	41	141	124	326	41	185
比例(%)	23.4	3.7	12.6	11	29	3.7	16.5

下面我们对"把"字句表现这些空间层面位移过程的情况逐一进行说明。

2.3.1 物理空间层面的位移

物理空间层面的位移,是指一个物体在某种外力作用下从一个物理空间转至(转向)另一个物理空间。这是"把"字句表现位移图式的最底层的结构形式。

(6) 周岳坤却在10年前把在家乡的妻子"请"进了深山。

(7) 把几百公斤重的杆架一根一根从山下抬上山。

(8) 把外出务工经商党员的基本情况逐一登记。

例(6)表现的是"妻子"从"家乡"到"深山"的位移过程;例(7)表现的是"杆架"从"山下"到"山上"的位移过程;例(8)表现的是"党员的情况"从"社会存在"转移到"登记表"上的过程,尽管"登记"后面没有补语说明位移的终点,但是这个终点是不言而喻的。

在语料中,我们看到了一种比较特殊的"把"字句——"把……+一V"的形式,例如:

(9) 大爷一见,故意把脸一沉。

(10) 他站起身,把烟往烟灰缸里一扔。

(11) 他把孩子往地上一扔就跑过去打妻子。

这种"把"字句其实也是典型的表现物体发生物理空间位移的一种句法形式,只不过其位移终点(方向)是用"往……"作状语而不是作补语来表现的。①

2.3.2 时间层面的位移

时间层面的位移,是指一个物体(包括抽象的物体)在某种外力作用下从一个时间点/段转至(转向)另一个时间点/段。这是典型的物理空间位移在时间范畴内作相同结构投射的结果。

(12) 我们有信心、有能力把一个经济持续发展、社会全面进步、充满生机和希望的中国带入21世纪。

(13) 他写信做通未婚妻的工作,把婚期推迟到第二年5月。

(14) 他们把可能发生的事情都想在前头,不放过一个疑点。

例(12)表现的是"中国"从"20世纪"移至"21世纪"的过程;例(13)表现的是"婚期"从"一个已确定的时间"移至"第二年5月"的过程;例(14)表现的是"事情"从"发生后"移至"发生前"的过程。

2.3.3 人体空间层面的位移

人体空间层面的位移,是指一个物体(包括抽象物体)在某种外力作用下从一个物理空间转至(转向)另一个以人体为代表的物理空间。人体作为一个实在的物体,不仅本身占有一定的空间,而且还常常用来作为物理空间位置的代体。这也是物理空间位移图式所作的另一种投射。

(15) 他将于明年4月把政权禅让给日本自民党总裁桥本龙太郎。

(16) 把功劳记在神佛的头上。

(17) 把厂里的15亩土地和上万平方米的建筑出租。

例(15)表现的是"政权"从一个人转移到另一个人的过程;例(16)表现的是"功劳"从别人转移到"神佛"的过程(神佛是人格化的物体);例(17)表现的是"土地和建筑使用权"的转移,虽然转移的终点没有说出来,但是这种使用权只能转移到人或社会单位的手里。

2.3.4 社会空间层面的位移

社会空间层面的位移,是指一个物体(包括抽象的物体)在外力作用下从一

---

① 徐卡嘉同学共统计到"把……+一V"的形式15句,基本上都是"把……往……一V"的形式。

个社会空间转至(转向)另一个社会空间。在人类的认知经验中,社会组织结构和物理空间的组织结构具有相似性,只是社会空间较之物理空间更为抽象一些。我们把社会组织、单位机构等看作是一种具体的社会空间。

(18) 商业银行把已经贴现归己所有的票据再以贴现方式出售给中央银行。

(19) 张月好把正在准备考大学的五儿子福山又送往军营。

(20) 北京市、铁道部、邮电部把建站计划报请中央。

例(18)中的"中央银行"、例(19)中的"军营"、例(20)中的"中央"都是具体的社会空间。

2.3.5 心理空间层面的位移

心理空间层面的位移,是指一个物体(往往是抽象的物体)在外力作用下从一个物理空间或心理空间转至(转向)人们的心理空间。它包括人们的思想观念、情感意识、精神状态、计划项目,甚至事业、工作、事件、过程等等,都可以当作一个三维的空间来看待。这是人们把物理空间图式投射到心理空间层面的结果。

(21) 他把人民的疾苦时刻记在心上。

(22) 绝大多数同学把学以致用、服务社会、实现自身价值摆在了重要位置。

(23) 把宗教工作纳入地方国民经济和社会发展中长期计划。

(24) 把话筒对准新闻。

例(21)中的"心上"本身就是指人们的心理;例(22)中的"位置"、例(23)中的"计划"都是一种抽象的空间概念;例(24)的"新闻"是指一种"社会工作",在这些句子中,它们都具有心理位置的意义。

2.3.6 范围空间层面的位移

范围空间层面的位移,是指一个物体(往往是抽象的物体)在外力作用下在一定范围内作伸缩性运动的过程,而不是从一个空间范围转移至另一个空间范围的过程。

(25) 把工农业发展速度调整至 2~3 比 1。

(26) 我们要把通胀率控制在低于经济增长率的水平。

(27) 在 7 年内把对老年人的医疗照顾、对穷人的医疗补贴和社会福利开支
　　　削减 3280 亿美元。

这几个例子中的"速度""通胀率"和"开支"都可以看作是在一定的范围内作了或前或后的伸缩性移动。

2.3.7 泛方向空间层面的位移

泛方向空间层面的位移,是指一个物体(包括抽象的物体)在外力作用下从一个空间位置离开,移向不确指的空间位置。从语言表达的角度看,它仅仅指明物体位移的起点,而不指明物体位移的确切终点。

(28) 把汽车上价值不菲的零部件如发动机、电机和离合器等拆下来。

(29) 安安静静地把家搬走了。

(30) 被警车追上来,把车截住,打电话叫机关总务处来人。

例(28)说的是"零部件"离开了"汽车",而不说到了何处;例(29)说的是"家"离开了原地址,而不说新的地址;例(30)说的是"车"从运动状态停了下来,而不说停在何处。

我们认为,上述 7 种"把"字句所表现的空间位移图式在本质上具有相同的认知结构,它们都是典型的"把"字句形式,凸显的是物体在某种外力作用下发生位移(或改变方向)的过程。这种位移过程是由"把……+动词+方位介词短语/趋向动词"这一典型的句法框架来表现的。有时候,动词短语位置上会出现"置之度外、尽收眼底、付之一炬、公之于众"这样的成语,它们也是符合典型的句法框架要求的。

第三节 "把"字句位移图式的隐喻拓展

3.1 空间意象图式的隐喻价值

随着认知语言学理论研究的深入发展,人们越来越认识到,在所有的隐喻中,空间隐喻对人类的概念形成具有特殊重要的意义。[①] 因为在人类的动作行为世界里,物体受力后所产生的运动方式,最直接、最普遍、最直观的表现就是物体空间形态发生一系列变化,比如物体的形状、大小、颜色、位置的改变等等。空间位移作为物体运动的一种最常见形态,其运动的内部结构不仅最先为人们所

---

① 关于空间隐喻的问题,参看张敏(1998)和蓝纯(1999)。

感知、所认识,而且也会不断被人们抽象化并通过隐喻的方式变成表达其他抽象概念的基础结构,从而表达其他类似结构的意义。

从"把"字句的句法和语义关系来看,下面几个句子的差别是非常明显的:

(31) 人们把钱更多地投向了银行。

(32) 他能够把马克思主义的普遍真理同中国的具体实践相结合。

(33) 把职工真正当成企业的主人。

(34) 把企业的经营行为变成每一个职工的工作行为。

(35) 首先把农业和支农产业安排好。

这5个句子,彼此之间在语义关系上的显著差异是不可忽视的。问题是,这种差异的背后是否隐藏着一个共同的本质?否则,它们都用"把"字句的结构形式来表达就不好理解了。

我们认为,例(32)~(35)句正好是典型的"把"字句(例(31))的空间位移图式通过隐喻而产生的4种变体图式(系联图式、等值图式、变化图式和结果图式)的4种句法表现形式。下面,我们来分析一下"把"字句的典型图式和变体图式之间的隐喻关系。

3.2 "把"字句变体图式分析

从我们收集到的2160个"把"字句来看,典型的位移图式和4种变体图式的句例分布如下表:

类型	位移	系联	等值	变化	结果
数量	1121	235	393	171	206
比例(%)	51.8	11	18	7.9	9.5

3.2.1 系联图式

典型的空间位移图式是一个物体从甲点到乙点作单向位移。而系联图式表现的则是两个本来分离的物体在某种外力作用下作相向位移而连为一个整体的过程;如果本为一个整体的物体在某种外力作用下各部分作反向位移,从而导致各个部分的分离,便可以理解为一种反向的系联图式。相当多的"把"字句就是表现这种系联图式的,而且这种系联图式似乎用"把"字句来表达才是最自然的。

(36) 把现代科学成果与传统农业技术精华相结合。

(37) 我们中国人把"吃"跟"福"联系在一起。

(38) 他们年初就把任务逐月分解到各单位"一把手"的头上。

(39) 大娘,您是不是把整钱和零钱分开放了?

例(36)中的"科学成果"和"技术精华"、例(37)中的"吃"和"福"从原本分离的状态走到了一起;而例(38)中的"任务"、例(39)中的"整钱"和"零钱"原本为一体而被(将被)分割开。毫无疑问,这种从分到合或从合到分的过程其实都是以物体的内在运动为前提的。这种系联图式有时候也用"混为一谈、融为一体、相提并论、大卸八块"等短语来表达。

3.2.2 等值图式

与系联图式密切相关的是等值图式。所谓等值图式是指人们把两个性质本来不同的物体(包括抽象的物体)加以联系并在心理上做出等值判断的过程。我们认为,这种等值图式的形成,是以"把"字句表现心理空间层面的位移为起点的。在语料中,大量存在着"把……放在……地位(位置)"一类的句子:

(40) 要把加强自主开发能力和技术创新能力放在突出地位。

这个句子其实表达的就是对"加强自主开发能力和技术创新能力"重要性的认识,也就是"把加强自主开发能力和技术创新能力当作重要的事情"的意思。这种语义的演化是以人们心理空间的位移图式为基础的。

(41) 我们把生活当作一个扩大了的游乐场。

(42) 一些人把请客吃饭的排场看成一种"面子"。

(43) 把赠送音乐会入场票作为对员工的一种奖励。

例(41)的"生活"和"游乐场"之间、例(42)的"排场"和"面子"之间、例(43)的"赠送入场票"和"奖励"之间,都是通过心理上的相互系联和主观判断而构成一种等值关系。这其中,我们分明看到了空间位移图式的影子。

等值图式绝大多数情况下是在"把"字句中用判断动词"当作""看作""当成""说成""称为"等来表达的。我们在语料中也看到这样的例子:

(44) 羌族儿女真诚地把她拥戴。

我们认为,这个句子的特殊性表现在动词"拥戴"上。仔细琢磨,"拥戴"就是"拥护推戴",是"拥护某人做领袖"的意思,这一动词本身含有"把……当作……"

的语义结构。类似的动词短语还有"待若上宾、奉若上宾、奉若神明、视为知己"等等。我们认为,这些动词所表示的语义都可以纳入等值图式的范畴。从这个角度看,某些特定的词汇意义与某一语法的结构意义,有时是完全能够相互契合、相互支撑的。

3.2.3 变化图式

变化图式的基本含义是指一个物体在外力作用下从甲形态改变为乙形态,或从甲形态达成乙形态的过程。这种形态的改变或达成也都蕴含着一个内在的位移过程。从这个角度来理解,我们可以清楚地看到位移图式和变化图式之间隐喻和被隐喻的关系。

(45) 把一个贫困的中国变成小康的中国。

(46) 努力把省委领导班子建设成为"两手抓、两手硬"的坚强集体。

(47) 个别部门和执法者甚至将权力商品化。

(48) 把海洋里的浮游生物加工后直接作为人类的食物。

例(45)从"贫困的中国"到"小康的中国",例(46)从"(普通的)班子"到"坚强集体",这种变化过程与空间位移过程之间的相似结构是显而易见的;例(47)"将权力商品化"其实就是"把权力变成商品"的意思,这也是一种变化的过程;例(48)的"加工"本身便蕴含了"改造成为……"的意思,表现的也是一个变化过程。

3.2.4 结果图式

距离空间位移图式比较远的变体形式,我们认为是一般所说的 VP 为结果补语或状态补语的"把"字句。根据崔希亮(1995)的解释,这种"把"字句的语义是"某一行动带给或将要带给 B 的结果""某一行动使 B 或将使 B 的状态发生改变"。我们把这两种语义统一为"物体在某种外力作用下发生性质或状态的局部改变"。相对于改变前的情况来说,改变后的情况也是经历了一个位移过程的,只是这个过程在物体内部发生而且往往被忽略而已。因此,如果我们以变化图式为中介,那么我们就能够看到结果图式与空间位移图式这两者之间在结构上的相似性。只是由于它距离典型的位移图式比较远,所以句法上的变化形式也最多。表现结果图式的"把"字句,根据其中 VP 结构的复杂性基本上可以分为 3 类。

一是"把……V+得+(很)C"结构,例如:

(49) 把《解放军报》办得更有特色。

(50) 您把农业和儿子都打扮得朴素而光景。

二是"把……V+C"结构,例如:

(51) 你还是把钱收好吧。

(52) 他的最后一句话把我们记者都逗笑了。

三是"把……V+(了)"结构,例如:

(53) 把这批鞋全部销毁!

(54) 我们把凤凰丢了。

(55) 就是这句朴实的话,把我震撼了。

由于这类"把"字句中,"把"后名词与动后补语之间具有比较自然的话题和述题关系而往往被当成"把"字句的典型形式来加以讨论(沈阳,1997)。其实,这种话题和述题的关系,正好描写了一个物体发生局部性质或状态变化后所具有的情形。第三类"把……V+(了)"结构,虽然句法表层没有结果成分出现,但我们认为是结果内含于动词之中的:销毁=由有效存在到无效存在的变化结果;丢了=由可掌握到不可掌握的变化结果;震撼了=由平静到波动的变化结果。同样,有些固定短语用于"把"字句,也是表现结果图式的,比如"发扬光大、抓捕归案、捉拿归案"等。

通过对上述4种变体图式的分析,我们能找到它们与典型的空间位移图式之间在语义结构上的相似性,它们是空间位移图式的"把"字句通过隐喻拓展而形成的。我们把这种关系图示如下:

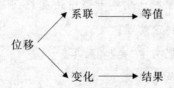

如果这个理解可以接受的话,那么,本文所面对的2160个"把"字句,保守地说,至少有95%是可以得到统一解释的。①

---

① 在徐卡嘉同学的研究中,位移意义也可以解释95%的"把"字句。

第四节 特殊"把"字句的两种可能解释

如果我们把上述"把"字句纳入位移图式及其隐喻拓展所产生的变体图式系统的话,那么,绝大多数"把"字句的语法意义是能够得到统一解释的。现在还剩下不到 40 个"把"字句,我们姑且称之为特殊的"把"字句,主要有以下一些形式:

第一种:"把……＋形式动词＋动词"

(56) 朗泉公司计划把县里的苹果、核桃进行包装销售。

(57) 把舞台艺术不衰的魅力生动地加以展现。

(58) 作者把蛟龙、猛虎作了人格化的艺术夸张。

第二种:"把……＋动词＋动量词"

(59) 我向达斯先生提出把账结一下。

(60) 他知道后,把爱人训了一顿。

第三种:"把……＋动词重叠形式"①

(61) 你把头发理理。

(62) 你把衣裳换换。

(63) 你把桌布洗一洗。

第四种:"把……＋表完成性动词短语"

(64) 各地政法部门都把近几年干警违法乱纪问题逐一列举,打印通报,并交给广大干警讨论处理。

(65) 我们真怕电视把文学"娶"之殆尽。

(66) 把这些工作出色地完成。

第五种:"把……＋单个动词"

(67) 把这张报纸创办。

(68) 陈献智少将把象征他们年龄的 19 支蜡烛点燃。

---

① 在本文所收集的语料中,没有发现动词重叠的形式。众所周知,动词重叠是"把"字句中的一种重要形式,所以我们从崔希亮先生的文章中抄来下面 3 例作为补充。

(69) 用青春和汗水把它培育和浇灌。

无论是句法形式还是语法意义,它们都与典型的"把"字句有明显的区别,该如何处理这种现象呢?这里,我们提出两种可能的解释思路,仅供参考。

4.1 凸显位移过程中的动力成分

我们认为,典型的"把"字句表现的是一个物体在外力作用下从甲点位移至乙点的过程,其凸显的焦点是物体("把"后名词)位移终点(方向),所以,典型的"把"字句总是有补语成分。然而,特殊的"把"字句,其特殊性就在于它没有了补语成分,因而也就使物体失去了位移的终点(方向),物体的位移趋势被阻隔,在这些句子中,我们看不到物体发生位移的标志。这时候,"把"字句也就自然从凸显物体位移过程的终点(方向)转变为凸显动作行为了。我们能够看到一个很有趣的现象:特殊的"把"字句,特殊就特殊在动词上,"进行/加以+动词"也好,"动词+动量词"也好,动词重叠也好,包括完结性动词短语和光杆动词,都是凸显动作行为的句法标志。由于"把"字句中补语成分的失落,动词的语义地位和表达作用便得到了强化。在这种情况下,"把"字句传统的"处置义"的解释似乎有了最合适的注脚。

4.2 简化位移过程的表达需要

我们认同这样的观点,一个句法形式在言语表达层面的最终形成,是受多个层面因素制约的(徐枢,1993),句法框架、词汇选择(郑定欧,1999)、表达焦点、语气情态等等,都会对句法形式的形成产生影响。如果我们把所谓特殊的"把"字句放到整个"把"字句的系统中来观察,就会看到下面的情形:

(70) 把滞留香港的民主人士安全地接到解放区。(从起点到终点的标准形式)

(71) 孙文会把卸下玉米的"四轮"开到另一台地秤上。(省略起点的典型形式)

(72) 你们谁也不能把家里的事告诉在部队的娃儿们。(动词"告诉"后隐含介词"给"的典型形式)

(73) 服务队员们把破瓦一片片撤换下来。(泛方向空间的形式,开始向无终点虚化)

(74) 他们把钢瓶刷了好几遍。（无终点,凸显动作行为的动量）

(75) 把紧缺的资金更合理地使用。（无终点,单个动词凸显动作行为）

(76) 我把你这小蹄子![1]（动词省略）

从这些例句的排列顺序我们看到,"把"字句从标准形式到典型形式再到特殊形式甚至动词省略的过程,其实体现了完整的物体位移过程在言语表达中不断简化的趋势。这其中的原因,我们认为主要是由表达的特殊需要和动词本身的特殊性造成的。拿"把头发理理"来说,我们完全可以补出终点,说成"把头发理理干净"就是明证。

任何一个句法框架内,都会存在一些边缘的形式和意义,这是语言系统本身的范畴化特征所决定的。应当承认,"把"字句对位移图式及其变体的句法表现还是相当集中和整齐的。当然,我们也承认,这种相当集中和整齐的语义系统的勾勒,可能与本文所用的语料存在一定的局限性有关。由于本文的语料集中来自《人民日报》,这种语料的新闻语体特征是很强的,这可能会在一定程度上限制"把"字句语料的丰富性和复杂性。不过,即便如此,我们也还是相信,用位移图式去解释一般生活语料中的"把"字句,要达到90%左右的解释率,也不是十分困难的事情。

---

[1] 此例摘自崔希亮(1995)。

第 2 章

"连"字句的序位框架及其对条件成分的映现

第一节 引言

1.1 连字句研究综述

汉语连字句的研究一直受到学术界的重视。20世纪80年代以来的研究，大体上可以概括为10个方面的论题，我们将分别对它们作简要概述。

1.1.1 "连"字的词性

汉语连字句研究中一个长期令人困扰的论题是"连"字的词性问题。关于这一点，不同的学者持有不同的观点。黄诚一(1956)认为"连"应归为"关联副词"；张友建(1957)讨论了这个问题；李静远(1957)认为"连"是"递进连词"；倪宝元、林士明(1979)认为是"语气副词"；Paris(1981)认为，"连"不是介词，而是"准量词"(quasi-quantificateur)；费嘉(1988)认为"连"是副词；高桥弥守彦(1993)认为"连"是介词；梅立崇(1995)也讨论了"连"字的词性；宋玉柱(1996c)《关于"连"字的词性》一文认为"连"字是句中/句首语气助词；周小兵(1996)《连字句的生成与发展》也对"连"字的性质作过讨论；洪波(2001)认为"连"是介词，其功能是引介一种与句子隐含的参项同角色的体词性成分表示"典型事例"。对同一个虚词的词性有如此多的讨论和不同的观点，在汉语语法研究中实不多见。这一点也足以说明连字句问题的复杂程度。

1.1.2 "也/都"的异同

汉语的连字句由于可嵌入的虚词成分较多,会形成"连……都……""连……也……""连……还……"等不同的形式,这种情况也是比较特殊的。对它们之间的异同进行分析也是十分有意义的。涉及这一话题的论述的有很多学者,比如马真(1982)、Su(2002)等。Paris(1981)讨论"也"和"都"在句法和语义上的共同特性,这些共性说明为什么这两个成分在有"连"的场合可以互相替换,在有些场合,可以自由变换。高桥弥守彦(1987,1993)讨论了"连……也……"和"连……都……"两种格式的区别,并对中间插入的成分进行了细致的描写。崔希亮(1993)认为,在连字句中,"也"和"都"几乎没有什么分别,现在所发现的区别就是"也"多用于否定句,"都"多用于肯定句。郭春贵(1997)集中讨论"连……都……"和"连……也……"的异同。这些论述,对于我们深化对连字句的理解,无疑是很有帮助的。

1.1.3 肯定与否定

汉语连字句另一个引人注目的句法现象是它有"肯定/否定"两种对立的形式,形成所谓的"反逆句式"。邢福义(1986)、高桥弥守彦(1987)、沈开木(1988)的讨论较早涉及连字句的"肯定/否定"问题。崔希亮(1990)指出,肯定或否定处于极端位置上的元素,这对处于另一极端位置上的元素来说也同样具有肯定或否定的作用。丁雪欢(1994)认为,以"连 X 都/也 VP"为代表格式的连字句,其前项 X 和后项 VP 间存在逆反关系,该文分析了显性逆反的表现形式与隐性逆反的构成条件;丁雪欢(1998)认为,大多数连字句存在后项肯定式与否定式之间的互转现象,但也有些句子不能进行这种互转。连字句能否互转,皆受 X 和 VP 之间是否存在逆反关系这一前提条件制约。

1.1.4 歧义研究

连字句存在一个非常有趣的现象,"连"字前后的名词性成分,可能是施事,也可能是受事。肖奚强(1992)讨论了歧义产生的条件和理解的制约因素。

1.1.5 比较研究

对与连字句相关的句法结构进行比较研究,虽然不多见,但也是一个十分有价值的问题,尤其对对外汉语教学来讲,更是如此。宋玉柱(1996a)对"把"字句、"对"字句和连字句进行了比较研究。

1.1.6 语义研究

连字句究竟表示什么样的意义,这始终是一个核心问题。许多学者在这方面都发表了很好的意见。倪宝元、林士明(1979)基本上在传统语法的基础上对连字句各个层次的形式结构进行了系统的描写。Paris(1981)指出,"连"的作用是把一个或数个最不可能具有某种特性 P 的成分给予某一类具有某种特性 P 为谓词的成分。实际上是范围和否定。范围变化支配着构成与"连"有关的一类成分。崔永华(1984)认为,在连字句中,"连"除了表示加合之外,还有另一层意思——标举极端事例。他根据"连"后的成分 T 与"也/都"后的成分之间的语义关系,把连字句分为五类进行描写,认为连字句在表达上具有两种作用:一是说明某种性质的程度很深,二是证明另一件事情发生的可能性,并从复句的七种结构形式上加以说明。高桥弥守彦(1987)从语言环境、语法结构、"连……也……"和"连……都……"两种格式的区别、成立条件、肯定否定、用法等方面进行了全面的研究。宋玉柱(1996b)认为,单句中的"连……也……"结构用一种极言其甚的方法表示一种隐含的比较,表达某种言外之意。"连"字所附着的成分就是隐含比较的对象。韩蕾(1998)从表比较的角度讨论了连字句。洪波(2001)认为"连"的功能是引介一种与句子隐含的参项同角色的体词性成分表示"典型事例"。连字句的语用意义是通过对"典型事例"的强调,来表达对相关事物的周遍性强调。

1.1.7 语用分析

汉语连字句由于在句法和语义方面存在非常复杂的情形,使得其语用层面的分析特别是篇章、话题与焦点的分析,也非常引人注目。崔希亮(1990)归纳:"连……也/都……"形式具有多重语言信息,这种语言信息是多层次的,不能只把它们限制在句法、语义或语用的范围内。因此,他讨论了基本信息、附带信息、预设信息、推断信息。曹逢甫(1994)从"连"字成分的名词性、把"连"字成分处理成话题、"都"和"也"在这个结构中的功能以及"连"字话题和重音等方面展开讨论,认为"连"字成分总是话题、主话题或非主话题,而跟它相联系的重音是由于跟"连"字成分相联系的隐性或显性的对比带来的。张伯江、方梅(1996)认为,"连……也/都"句里"连"后的成分是一个对比性话题,用于表现极性对比。由于连字句中"连"后的成分都有强制性对比重音,"连"自身不带对比重音,多数连字句中的"连"都可以省去,所以认为"连"是焦点标记词,用于标示极性对比话题。刘丹青、徐烈炯(1998)认为,连字句的强调作用,来源于该句式特有的预设和推理含义,是由整个"连……都/也"式表达的,并不影响"连"所带成分的话题性。杨蔚(2001)讨论了连字句的推断意义、语义结构模式、话语功能。郑良伟(2002)

把"连……也/都"当作含义焦点标志语及信息连贯标志语来看待。

1.1.8 认知解释

汉语连字句的研究,也可以从人们的认知层面入手进行。崔希亮(1994)从情理上的关联来理解连字句。指出关联的实质就是关系,关联意味着关系。情理上的关联涉及对话语陈述部分的语用分级。语用分级有两种情况,一种是自然分级,一种是心理分级。这样的研究视角,我们认为本质上是一种认知层面的解释。蔡永强(2002)对连字句进行了更为集中的认知考察,他在语义扩散性激活、范畴化、意象图式等认知语言学理论背景的支持下,构建并分析"连……都/也……"结构激活模型,并进一步主张用激活机制来解释汉语句法结构意义的获得原理。这种研究对我们进一步开展研究具有相当大的启发意义。

1.1.9 量范畴

近年来,语言结构中的量范畴问题越来越引人注目。从"量"的角度对连字句进行研究是一个非常新的视角。李宇明(2000c)从"量"的角度讨论了连字句。曹秀玲(2002)把"连"字结构当作是汉语的"极指全称量限结构",认为连字句表达的全称数量意义也可以通过富高涅关于两极化现象和语用分级现象的公式来解释。据此,"连"可以看作一个受它作用的成分置于一系列语用蕴涵(与句子使用场合有关)之一端的操作词(operator),在这个语用分级系列的两端(即最大和最小的量词)可以对等使用,仅仅通过两端的极性成员讨论分级序列上各点都适用的关系,从而表达全称意义。李善熙(2003)也从主观量表达的角度对连字句进行了讨论。

1.1.10 连字句的语法化

作为现代汉语语法系统中一个比较特殊的句式,连字句语法化的历史并不算很长。讨论它的语法化问题也是一个非常有意思的话题。涉及这一论题的研究主要有:沈开木(1988)、周小兵(1996)、洪波(2001)在相关的论述中都涉及"连"字的虚化和连字句的语法化问题;蔡永强(2002)认为,基于范畴化和意象图式的"相属不绝"的组构关系范畴的泛化是"连"字意义泛化的主线,同时也是"连……都/也……"这一语法格式形成的基本动因。

1.2 本文的研究基点与研究视角

从上面简要的叙述中我们看到,就某一个句法结构来说,讨论的话题如此众多,切入的角度如此不同,这的确是不多见的现象。这一方面表明,汉语连字句的研究空间相当大,可以挖掘的东西相当多;另一方面也表明,对连字句的研究,也有必要在这些研究的基础上进行整合,提出概括而统一的解释。而这也正是本文的出发点。

我们将从语义认知基础的角度切入,探讨连字句纷繁复杂的现象背后的统一的语义基础,寻求概括性的理论解释。我们特别重视前人对连字句种种语义和语用的理解,尤其是"语用分级""强调""递进/递降""标举极端""典型事件""隐含比较""范围与否定"等等的解说;我们也特别看重从认知的角度,尤其是从"量"的角度切入连字句的研究。本文将从隐性量的角度切入,来寻找连字句的认知语义基础。

1.3 语料来源与基本假设

本文的分析语料来源于《人民日报》和《当代北京口语语料》。通过人机互动的检索方法,共收集、整理得到含有连字句的用例1275例。[①] 本研究所观察、描写的连字句的基本面貌,就建立在此基础上。

本文假设:汉语连字句是用来表现人们对外部事物或事件进行序位化心理操作的一种句法手段,其认知语义基础是激活一个以量级序列为基础的情理值序列,并使某一成员序位化。这种序位化首先通过激活或建构名词的空间序位来实现。在此基础上,人们通过空间序位对时间序位的映现,来形成对条件成分的表达。这样,我们就能够在一个统一的语义基础上对连字句的种种表现做出概括而统一的解释。

---

① 本文的语料检索和收集工作,得到了北京语言大学对外汉语研究中心邢红兵博士和胡翔高级工程师的热情帮助。谨此致谢!

第二节 连字句形成的语义基础

2.1 "理想化的认知模型":观察和把握外部世界的基本尺度

认知语言学认为,语义理解的基础是一个涉及背景知识的复杂认知结构。这种复杂的认知结构反映着特定社会文化环境中的说话人对某个或某些领域里的经验具有统一的、典型的、理想化的理解。这种经验结构,普遍反映在某一社团的人们的思维、认知行为之中,并在其语言系统之中表现出来。这就是所谓的"理想化的认知模型"(ICM)(张敏,1998)。比如,就汉语社团来说,人们对一个典型的事件或活动的经验结构是:一个有意志的动作发出者通过动作,作用于某个对象,或通过动作产生某种结果。这种经验结构反映到语义结构层面,便形成"施事+动作+受事/结果"的语义框架,反映在句法层面便是"主语+谓语+宾语/补语"的句法结构(沈家煊,1999a)。可以说,这种理想化的认知模型,普遍制约着我们的认知和言语行为。比如,对中国人而言,过春节要回家休息;女孩子爱哭;老师比学生知道得多等等,都反映着汉民族社会对种种事物或事件的理想化的认知模型。根据这个理想化的认知模型,我们就能够很好地理解汉语中诸如"他连春节也不回家""连女孩子都没哭""这个问题连老师都不会"这样的一些句子。

2.2 情理值:事物/事件内在关联性的大小

以"理想化的认知模型"为基点,我们便有了观察和把握外部世界的事物或事件之间的内在联系性的基本尺度。我们把这种外部世界的事物或事件之间的内在联系性的大小叫做"情理值"。直接地说,就是"连"后名词与"都"后动词之间的比值。简要说来,符合人们"理想化的认知模型"的事物或事件,具有较高的情理值;反之,不符合人们"理想化的认知模型"的事物或事件,具有较低的情理值。举例来说,一般而言,小学生认字没有中学生认字多,这个"理想化的认知模型"反映了这样的情理关联:"中学生"与"认字多"之间具有高情理值,"中学生"与"认字少"之间具有低情理值;反之,"小学生"与"认字少"之间具有高情理值,"小学生"与"认字多"之间具有低情理值。

需要特别指出的是,这种情理值的计量可以有不同层次的计量标准。这正如崔希亮(1990)所指出的:这个集合存在于说话人的知识库里,它是心理的,也是社会的。说话人对集合中的每一个成员以及它们之间的关系都有定评,这种定评在说话人看来是无争议的,它属于预设的内容。一般来说,是以人类普遍共有的认知经验为基础的,比如男大当婚,女大当嫁;有时候,却是以某一个民族、社会的认知经验为基础的,比如汉民族社会普遍以春节为最隆重的节日;有时候,甚至也可以以某一特定的个人认知经验为基础,中国第一位航天员杨利伟已经遨游过太空。对他来讲,遨游太空具有高情理值,他可以说:"我连太空都去过"。对于其他绝大多数中国人而言,遨游太空永远只能具有低情理值,是不可能的事情。

2.3 序位化:事物或事件关联的心理机制

我们认为,人们根据"理想化的认知模型"来衡量事物或事件内在关联性(即情理值)的大小,便有了把事物或事件进行序位化的内在依据。我们所说的序位化主要包含这样两层含义:第一,是以某一情理为关联线索的一组(至少两个)成员所构成的序列。我们知道,当我们确定情理值大小时,总是就至少两个量级成员而言的,任何一个孤零零的成员都无所谓大小,也就是说,任何一个"值"都存在于一个量级序列之中。第二,把其中的某一成员确定为该序列的端点(起点或终点)。有了若干成员构成的序列,并确立了某一成员的端点地位,序位化也就由此实现了。我们可以举一个常见的现象来具体阐述这种抽象的序位化过程。

现有 A、B、C、D、E 五个人,他们的身高分别是 1.6 米、1.7 米、1.8 米、1.9 米、2.0 米。从当篮球运动员来讲,个子越高条件越好。这是身高与打篮球之间的情理关联。这样,A、B、C、D、E 五个人就由身高与打篮球的情理关联而确定了各自的情理值并自然形成一个等级序列。在这个序列中,A(1.6 米)和 E(2.0 米)分别是这个序列的情理小值和情理大值。相反,如果从身高与做体操的情理关联来确定他们各自的情理值,那么,这个序列的情理小值和情理大值就要颠倒过来,形成 A(1.6 米)和 E(2.0 米)分别是这个序列的情理大值和情理小值的局面。这充分说明,情理值的大小,是由理想化的认知模型观照下的事物或事件的内在特性决定的。

2.4 情理逆反:序位化的两种方式

我们认为,对外部事物或事件进行序位化的心理操作,是人们用连续的方式把握外部事物或事件的一种极为普遍的、基本的认知行为。当我们通过情理关联建立起事物或事件的序列之后,便要确立这个序位的端点(起点/终点)。如果我们把情理关联构成的序列看做是一个量级序列的话,那么,这个量级序列上的每一个成员都可能成为人们认知上的端点,关键是看人们对这个量级取肯定还是否定的态度。人类对量级序列的基本把握方式是:通过对一个小量的肯定来对全量进行肯定,通过对一个大量的否定来对全量进行否定。如果我们把情理小值看作量级的起点,而把情理大值看作量级序列的终点的话,那么,我们就会很自然地通过对情理小值的肯定表达来实现对整个量级序列的肯定,而通过对情理大值的否定表达来实现对整个量级序列的否定。反过来说,如果我们对一个量级序列取全量肯定,那么,实际上我们是在把某个端点当作小量(起点);如果我们对一个量级序列取全量否定,那么,实际上我们是在把某个端点当作大量(终点)。这就是所谓的情理逆反。汉语的连字句恰恰表现的就是这种情理逆反的认知规律。还是拿上面提到的五个人的身高来说明问题。A、B、C、D、E 五个人,每个人都有成为某一序列中的端点的可能。就拿打篮球来说,1.8 米(C)可以看作是情理小值,说成"连 1.8 米的都要了",这个表述肯定的是以 1.8 米为起点的序列;与此相反,1.8 米(C)也可以看作是情理大值,说成"连 1.8 米的都没要",这个表述否定的是以 1.8 米为终点的序列。可见,端点选择的序位化,是说话者的一种主观认识行为。需要指出的是,就实际言语使用情况来说,大部分连字句都是用来进行全量否定表述的,也就是说,其序位化的端点大部分都被当作情理大值(终点)。[①]

2.5 有序名词与无序名词

在进入正式的讨论之前,我们有必要先理解"有序名词"和"无序名词"这对概念。我们认为,连字句序位框架的建立,首先依赖于对有序名词的激活。所谓有序名词,就是在语义层面自然处于一个由等级、顺序义素特征制约的语义场中的名词,它让我们会自然联想起一组相关的具有量级差异的名词。相反,不是自然处于这个语义场中的名词,就是无序名词,没有特定语境的提示,它不能指示

[①] 汉语连字句的否定形式有:"连……都/也+没+VP""连……都/也+不+VP""连……都/也+V 不 C"三种形式,还有一种语义否定的形式"连……都/也+VP",而肯定形式只有"连……都/也+VP"一种。

我们一定的联想方向,因而我们也就不能进行明确的语义联想。这与马庆株(1991)讨论的顺序义名词密切相关。有序名词、无序名词虽然是一组相对的、不可截然分开的概念,但是它们之间的差别仍然是比较很清楚的。比如,"春天""处长""中年人""小学""亚军""省政府""孙子"等等,是比较典型的有序名词;而"鸟""能力""电影""土地""门"等,则是比较典型的无序名词。有序名词与无序名词的对立,对汉语的许多句法现象都有不同的制约作用。例如,"都大学生了"是自然合法的句子,而"*都桌子了"则是不合语法的句子,原因就在于"大学生"是一个自然的有序名词,而"桌子"在一般语境下是一个无序名词,只有在特定语境下,它才可能被置于一个特定的序列当中。这种差别在连字句中的表现是非常明确的。其实,这种有序名词与无序名词的差别,崔希亮(1990,1994)在他连字句的系列研究中也有所认识。他提出了词汇的义场关联和表达的义场关联的分别。词汇的义场关联包括分类义场、顺序义场、关系义场、反义义场、两级义场。例如,"处长"在相互关联的链条里有一个固定的位置。如:科长—处长—局长—部长。表达的义场关联指的是那种与词汇的义场无关的形式。比如:"连脸都不红"。我们认为,这样的认识,本质上就是在讨论有序名词与无序名词在连字句中的对立与差别。

2.6 小 结

我们认为,从"理想化的认知模型"到"情理值"再到"序位化"的认知过程,是汉语连字句形成的语义基础。这种认知上的序位化不仅仅体现在我们的认知层面,还要通过汉语句法结构层面实实在在的序位框架的言语形式来表现。本文的主旨,并不仅仅在于揭示"序位化"的心理操作过程,我们的兴趣更在于考察、描写和分析汉语连字句的序位框架实现的言语过程。汉语连字句的序位化,对有序名词和无序名词采取了两种不同的方式。这两种不同的方式,事实上对连字句的句法、语义和语篇格局,都产生了重要的影响。下面,我们从序位框架的激活、序位框架的建构和条件成分的表达这三个层次,来逐步描述和分析连字句的序位化过程。

第三节 有序名词的序位激活

3.1 有序名词的序位激活模式

我们知道,连字句的基本句法形式是"连 NP 都/也(不)VP",其序位框架如何形成,关键是要看其中的 NP 是有序名词还是无序名词。当 NP 是有序名词时,连字句会通过这个有序名词来自然激活该名词所在语义场中的一组成员,并以该有序名词为端点,从而实现对外部事物的序位化。例如:

(1) 我们见面的时候,他激动地告诉我,"人民日报"邀请他来北京开会,成了潘家峡镇的一桩佳话,连市里领导也知道了。

在这个句子中,"市里领导"是一个有序名词短语,它激活了由"市里领导""区里领导""厂里领导""车间领导"等构成的一组行政序列,并以"市里领导知道这件事"为"情理小值"加以肯定,从而达到对有关领导知道此事的全量肯定。这种通过有序名词的激活而形成的序位框架,在表达上的最大特点就是只需要一个连字句就足以表达全部信息,即使前后有相关语句来补充,那其实也是冗余信息。这是与无序名词形成序位框架所不同的地方。

(2) 像文化大革命前呀,我们几乎是连礼拜日都没有,节假日,"十一"、"五一"、"春节",这三个大节日当中啊,没有休息过。

这个句子既已否定情理小值"礼拜日休息",其实已经否定了情理大值"节假日""十一""五一""春节"休息的可能性。因此后面的表述是冗余信息。

有序名词对连字句序位框架的形成,具有典型的原型效应。深入描写和认识有序名词在连字句序位框架形成过程中的内在作用,对于理解整个连字句的语义基础是非常重要的一环。下面,我们着重描写连字句中有序名词的类别,以此来寻找词汇和句法之间的互动关系。

3.2 有序名词类别

3.2.1 行政名词(30例)

行政序列名词由于表示的是以行政等级差异为基础的概念,因而它们是最为典型的有序名词之一,它们进入连字句是十分自然的。从语料统计来看,进入

第2章 "连"字句的序位框架及其对条件成分的映现

连字句的行政序列名词有:"副主任、书记、省长、内阁大臣、部长、州长、主席、宰相、校长、班主任、园长、全省、全国、市、州、村、县、村委会、乡镇、居委会、中队、股级、独立营、县城、座号、小丘陵、国道、干线"等。由于它们各自处于一个确定的情理关联的序列当中,因而便能够自然激活一组相关成员,从而构成一个典型的序位框架。例如:

(3) 去年9月,法国举办了自愿"无车日",连政府部长都要骑自行车去内阁开会。

(4) 最后,连全省的大会和全国第二次学大寨会议上,他的名字也作为一种敌对倾向和敌对势力的代表被举了出来。

(5) 至于行道树的栽植,不要说是县乡公路了,就连主要国道、干线、高等级公路两边都有大片大片的"空白地段"。

例(3)"政府部长骑自行车"、例(4)"全省大会全国大会点他的名字"、例(5)"主要国道两边有大片空白地段",都是一种情理小值,以它们为起点的序列上的其他情理大值成员,由对情理小值的肯定而都得到肯定:比如"司长骑自行车""全县大会点他的名字""县乡公路两边有空白地段"等等。

3.2.2 时间名词(18例)

时间的一维性特征,决定了时间名词在两个方面具有与生俱来的序位性意义。一方面,时间的流动本身就具有极为典型的顺序意义;另一方面,任何一个时间(时点/时段)都与人们特定的行为方式相联系,尤其是对于某一社会而言,特定的时间与特定的行为方式相关联,在很大程度上已经成为人们的一种经验结构,因而特定的时间便具有了特定的情理值。常常进入连字句的时间词语有:"春节、节假日、星期天、周末、礼拜日、小年、冬天、今年、吃饭时、上下班高峰期、讲故事开玩笑的时候、在死亡边缘徘徊的那八个月"等。

(6) 他们1月24日就上山施工了,每天四班倒,连春节也没休息,不能因为我们工作的滞后,而影响了春季造林。

(7) 没想到他却说:"我连今年都不想打了。"

(8) 老曲在与记者交谈中又两次出去接待来访者,就连吃饭时也被叫出办事。同志们说他几乎天天这样度过。

例(6)的"春节"是汉语中一个非常富有代表性的时间名词,它所具有的情理大值就是"休息",对这个大值的否定意味着对"其他时间休息"的否定;例(7)的"今年"是一个时间顺序名词,对"今年打球"的否定也就暗含着对"明年、后年打球"的否定;例(8)的"吃饭时办事"是一个情理小值,对这个小值的肯定,意味着对"其他时间段办事"的肯定。

3.2.3 学历名词(16例)

学历名词应该说是人类文明的产物,它反映了人们在所受教育方面的量级差异。常进入连字句的学历名词包括:"大学、小学、初中、小学生、中小学生、初中生、高年级的学生、大学生、本科生"等。这些名词激活相关序列并形成特定的序位框架是非常容易理解的。例如:

(9) 他连小学都没念下去,怎么当了教师呢?

(10) 实际上不可能人人都上大学,但现在社会上各行各业招聘时,都要求高文凭,在北京甚至连本科生找工作都困难。

例(9)"念小学"是一个情理大值,对它的否定意味着对"念中学""念大学""念研究生"的全量否定;例(10)"本科生找工作困难"是一个情理小值,对它的肯定也就是对"中专生、高中生、初中生"等等找工作困难的全量肯定。

3.2.4 社会角色和社会关系名词(61例)

由于我们每一个人都处于一个特定的社会之中,因而都具有特定的社会角色,并与他人形成特定的社会关系。这种社会角色和社会关系从本质上说是社会地位的反映,而社会地位的高低通常蕴含了某人与某事或某种属性情理关联的程度,因而本质上具有序位化的可能。在社会角色名词中,"孩子、青壮年、开国君主、议员、农民、老师、教授、护士、中产阶级、祖宗"是常见的表人的社会角色名词。"法院、检察院"作为一种机构,可以看作单位的社会角色。在社会关系词语中,"家属、亲人、家人、自家人、父母、爸爸、妈妈、父亲、母亲、老婆、太太、媳妇、儿子、哥哥、孙子、女儿、外甥、男朋友、至近的朋友、朋友(对象)、盟国、盟友、同类、幕僚、亲信"等等,是常见的词语形式。这些词语,一旦进入连字句,便会激活由某种社会角色或社会关系联系起来的一个社会角色或社会关系序列。例如:

(11) 江西婺源林河村绿树环抱,有不少是百年大树。这位村民说:"村里人人都是护林员,连孩子也不例外。"

(12) 血浓于水!刘波不应该举报自己的父亲。连父亲都可以出卖的人,可以出卖任何人,不值得信任。

(13) 连李洪志身边的亲信也揭露了他策划和组织围攻中南海事件的事实，使李洪志没有了退路。

"孩子"是一个非常具有典型社会角色特征的词："孩子的社会责任小"，"孩子不懂事""孩子没有力气"等等。"孩子"在连字句中出现较多，说明它是一个非常具有典型特性的词语。例(11)通过对"孩子护林"这个情理小值的肯定而肯定所有人护林这个事实。例(12)中的"父亲"作为社会关系词语，与"刘波"具有最亲密的血缘关系，被出卖的情理值最小。对这个最小情理值的肯定，意味着对其他人被出卖的情理值的肯定。例(13)中，"李洪志亲信"作为与李洪志具有密切社会关系的人，揭露李洪志也属情理小值。对这个情理小值的肯定，必然意味着对其他社会关系成员比如法轮功受害者揭露李洪志的肯定。

3.2.5 数量名短语(35例)

数量本身就是一个具有量级特征的语义范畴，数量名短语就是直接表现这个量级特征范畴的语言成分，它们自然属于有序名词。数量名短语进入连字句有三个不同的小类：一是表实数的数量(名)词语，如"一半、半尺雪、十分之一、1.5米、10所、十斤、两百页、三百块钱、五千两银子"等；二是数量词作修饰语，如"1/3的电、172万元贷款利息、三毛多钱水电费、一幢六层住宅楼、一个月的拖欠、一间房现在的价格、9900点的堤坝、19年的日月、20分钟的话"等；三是序数词语做修饰语的名词短语，如"三流歌星、九品芝麻官、前九名、220伏电灯照明、四十多岁的人、初二的内容"等。由于数量名短语本身就自然处于一个量级序列中，因而它们在连字句中就能自然激活一个数量或数量特征的序列，从而形成序位框架。例如：

(14) 去年，国内轿车销量仅为59万辆，连预测的一半都未达到，为何会出现如此让人失望的市场表现？

(15) 有时一个单位来了七八辆车，拉了几十号人，等了很长时间才把我从县城找到接回来，但"参观学习"连20分钟的话也没说上，就掉头坐车走了。

(16) 比如谭宗亮的手枪慢射和男子气手枪两个强项，在悉尼站的世界杯比赛上连夺两冠，但在德国和意大利两站的比赛中连前八名都没进。

例(14)的"一半都未达到"，例(15)的"20分钟的话都没说"，例(16)的"前八名都没进"，都是通过对一个量级序列上的小量的否定而实现对该序列上渐次大量的否定。这是非常容易理解的认知现象,无须多说。

3.2.6 对义名词(74例)

从认知经验来讲,当我们把两个事物经常性地置于某种对立的状态时,我们实际上是在把这两个事物按照一定的情理关联序位化,只不过这两个事物自然地被赋予了端点的位置(起点或终点)。在语言中,具有对立意义的词语的一方,一旦进入连字句,它就会自动激活与其相关的另一方,从而实现语义上的序位化。从语料统计来看,进入连字句的对义名词主要有(括号中的词语为语义激活得到的词语):"奴仆(主人)、古人(现代人)、作案人员(办案人员)、外国人(本国人)、教练(运动员)、守门员(中场球员)、对手(自我)、本地人(外地人)、当事人(律师)、外电(国内媒体)、城里人(乡下人)、局外人(局内人)、内行人(外行人)、洋品牌(国产品牌)、女方(男方)、军方(民间)、彩排(正式演出)、休假(工作)、公安人员(老百姓)、医生(患者)、警察(罪犯)、记者(读者)、专家(老百姓)、老板(伙计)、统治者(被统治者)、技术持有人(技术使用者)、共和党人(民主党人)"等等。需要说明的是,这种对义名词很大程度上要依靠语境来提供语义激活方向。例如:

(17) 别看如今电视频道多,每晚黄金时段你拿遥控器挨个捋下去,只要是电视剧就很难碰着几个不在那儿"的啦"的,甚至连古人讲话也都成了那个味儿。

(18) 吴寿章指出,尽管我们有些新手实力比较强,但心理上不可能不紧张,这样的大赛,连教练都会紧张。

例(17)的"古人"与"现代人"相对,例(18)的"教练"与"运动员"相对,由此而建立了相关的情理关联,从而实现从"古人"到"现代人"、从"教练"到"运动员"的序位化。

当这种对义名词处于修饰语的位置时,它就能够激活一组具有对立特征的名词短语,这样也能够实现序位化。像"老外工程师(国内工程师)、国内的专家(国外的专家)、外来的打工人员(本地的打工人员)、西方媒体(本国媒体)、健全人(残疾人)、海外舆论(国内舆论)、大城市的居民(小城市的居民)、本族和现代人的墓葬(外族和古代人的墓葬)、工会发的电影票(自己买的票)、老运动员(新运动员)"等等,它们都能够在具体语境的指示下,形成确定的序位框架。

(19) 这势态国家烟草局觉察到了,他们提出一个口号:保卫红塔山! 这势态连海外的华人也注意到了……

(20) 但抗争中的赵定军岂止没有多少残疾心理,贯穿全书始终的,是连健全人都不多见的健康心态。

根据修饰语的对义关系,我们可以得到:例(19)的"海外的华人"与"国内人士"相关联,例(20)的"健全人"与"残疾人"相关联,从而能够在它们之间建立起情理值的量级,从而实现对它们的序位化。

3.2.7 "底层"意义名词(26例)

在汉语中,有一些"底层"意义的普通名词,它们本身就代表着一个具有序位意义的底层概念。比如"常识、原理、ABC、螺丝钉、汽水儿、居委会、婚丧嫁娶、不过如此的、街上人、老百姓、艺术大集、家底、数字、算盘、春饼、穿的衣服盖的被子、好事坏事、感冒、利害、小茶座"等等,它们表示的都是一些在人们看来不起眼的、一般性的、最普通的概念,因而也就处于认知情理的端点位置。这样,当这些名词进入连字句时,便代表着相关的情理序位,从而形成序位框架。例如:

(21) 有的演员(含主持人)竟连这些常识都不知道,真不知他们是怎么"淘"出来的。

(22) 就连同志们的婚丧嫁娶,他也是关心备至、事必躬亲。

例(21)的"常识"、例(22)的"婚丧嫁娶",都在词汇层面具有"底层"的意义,它们在各自的语境中分别具有最大的情理值(常识最应知道)和最小的情理值(婚丧嫁娶的事情最不应当管),从而能够实现认知上的序位化。

3.2.8 动词短语/小句表示"基本事情"(25例)

连字句中有一个有趣的现象:在NP的位置有时会出现动词短语或小句,而这些动词短语或小句所代表的是一个事件性成分。这些事件性成分所具有的共同点是,在人们看来,它们都是一些最普通、最基本、最起码的小事情。从语言形式上看,它们虽为谓词性成分,但实际所代表的仍然相当于一个名词性成分。例如:

(23) 我都怀疑,孩子的天性是顽皮、天真,可怎么连'玩'都不会了呢?我们教育的目的究竟是什么?

(24) 她多次访问中国,在离大城市不远的一些农村,就连上厕所都是个问题。

(25) 有不识简谱的"歌唱家",竟腰缠万贯。九届全国青年歌手大赛,不少人败在不识五线谱和综合素质考核上,连长江黄河发源于何处也摇首捏耳,答不出来。

(26) 现如今,就连感冒去看医生,没有个四五百元都下不来,高的有时一次竟要八九百元!

上述 4 例中的动词短语或小句,实质上表述的是名词性成分的问题或事情,因为我们可以自然地把这些动词短语或小句名词化。例(23)"玩——玩这样的小事";例(24)"上厕所——上厕所这样的小事";例(25)"长江黄河发源于何处——长江黄河发源于何处这样简单的问题";例(26)"感冒去看医生——感冒去看医生这样的小事"。由此可见,连字句中 NP 位置出现的动词短语或小句,本质上还是体词性的成分,并且普遍具有"基本事情"的语义特征,因此也具有被序位化的条件。至少在说话人看来是把它们置于一个认知序列的端点位置上。

3.3 小 结

我们分 8 个小类逐一描写、分析了连字句中有序名词使用的不同情况。尽管这 8 小类的有序名词在进入连字句时所表现出来的实现序位化的途径和方式并不完全相同,但是它们所具有的共同特征是,这种"有序性"是内化在词义系统内部的,通过这种词义内化的"有序性",我们能够自然地在语义层面进行序位化。因此可以说,由这些连字句中的有序名词所激活的序位框架,是不需要借助特定的语篇和语境关系来完成的。我们把这种由有序名词激活的序位框架看成是连字句序位框架建立的最基本和最典型的形式,因而也就具有认识范畴上的原型效应。

第四节 无序名词的序位建构

4.1 无序名词的序位建构模式

我们把连字句对有序名词的选择,看作是连字句建立序位框架的原型范畴,这就意味着我们也同时承认无序名词进入连字句的现实。对于有序名词,我们可以说是通过对其名词词义本身的有序特征的激活来建立相应的序位框架,那么,连字句中的无序名词又是如何建立相应的序位框架,也就是如何让无序名词有序化的呢?这是我们在这一节要讨论的话题。

先让我们来比较两个句子：

(27) 如今，连乡镇医院都可以做白内障手术。

(28) 连巧克力和茶叶盒上也有莎士比亚的名字。

这两个句子的最大区别在于，例(27)不需要语境的提示，我们就能够建立"乡镇医院""县医院""市医院""省医院"的情理关联，因为"乡镇医院"作为有序名词，已经规定了情理关联的方向；而例(28)中的"巧克力"和"茶叶盒"则不能给我们指明情理关联的方向，在没有具体语境的帮助下我们是不能建立相应的情理关联的，也就是不能自然激活另一些名词成分与它们构成某种序位，因为在词汇层面，"巧克力"和"茶叶盒"都属于无序名词。或者也可以说它们所具有的情理关联的方向不确定，要靠具体的语境来规定其情理关联的方向。因此，我们认为，无序名词的序位化不是依靠自然的语义激活而是依靠人为的语境规约来建构。下面，我们来逐一描写和分析连字句中无序名词序位框架的建构方式。

4.2 语境手段对专有名词和代词的序位建构

从进入连字句来讲，由于专有名词和代词所具有的共同特征是，对其语义的理解需要特定的语境提示，所以只有在语境的帮助下，我们才能确定其语义关联的方向，从而使其序位化。下面我们分别来看语境手段对专有名词和代词序位建构的具体情形。

4.2.1 专有名词(109例)

从语料来看，专有名词进入连字句的机会是比较多的。我们认为，专有名词代表的是一个特定的个体，而每一个特定的个体在特定的交际环境中，都会呈现出某一方面的鲜明的个性特征。这种个性特征的突出，实际上就指示了其情理值的大小，因而具有了被序位化的条件。这些专有名词，主要有人名、国名、地名、单位名、事物名和"……人"一类。下面，让我们来看相应的例子：

(29) 可不好几年了，连丁七都当上教师了！

(30) 另一方面，西欧是美国的盟友，不愿反应过激，避免跟俄罗斯唱一个调，连法国也在从"坚决反对"转向"保留"。

(31) 告诉您去吧，您这么大岁数儿，连北戴河都没去过。

(32) 加利福尼亚州立大学有9个分校，每个分校附近都已建起了高新技术园区，仅伯克利分校就成立了80个公司。连哈佛这样的综合性大学，不久前也表示要建立研究园区和企业孕育区。

(33) 他连《东方红》都唱不下来,他要歌曲儿干吗?

(34) 环境改善后,商品房价格迅速上升,连广州人也争相来购。

例(29)~(33)中的"丁七""法国""北戴河""哈佛""《东方红》"均为严格意义上的专有名词。在上述各自的语境中,它们分别代表着一种突出的个性特征:"丁七"可能是年龄最小的人;"法国"可能是反美立场最坚定的国家;"北戴河"是著名的旅游风景区,最应该去的地方;"哈佛"是美国乃至世界上最著名的综合性大学;《东方红》是20世纪中叶中国人应该人人会唱的歌曲;例(34)中的"广州人"虽不是严格意义上的专有名词,但是"……人"一类的名词,往往也表示自身具有某种突出特征的意义,比如在此例中,"广州人"代表的可能是最有钱的人,也可能代表的是距离最远的人。

专有名词进入连字句,其内在依据在于,它代表的是具有某方面突出个性特征的事物。这种个性特征在一定的语境条件下,就能建立起某种情理关联的方向,从而建立以该事物为端点的情理关联,实现序位化。

4.2.2 代词(58例)

代词是在语境中指代名词的词。它所指代的名词,一般在具体语境中也是某一个特定的事物,因此,从这个角度看,代词进入连字句与专有名词进入连字句,具有相同的认知理据:代词代表了一个有突出个性特点的事物,在具体语境的规约下来建立情理关联的序列。下面,我们从人称代词和指示代词两个方面来分析连字句中代词的序位建构情形。

从语料分析中,我们观察到一个很有趣的现象,在44例人称代词中,"我自己""他自己""自己""我"共出现40例,而"他"只出现了4例。例如:

(35) 你看你看,多好的稻谷,不仔细看,连我自己也容易把它和晚稻搞混了。

(36) 他告诉她,他不喜欢,那让他变成了另外一个人,一个连他自己都不认识的陌生人。

(37) 夺金牌,破纪录,杨霞平静得连自己都有些奇怪。

(38) 人们仍在欢呼,连我也被深深地感染,可弗里曼还是没有表情。

(39) 不久前,奥运村新闻官韦伯斯特带记者参观奥运村时,记者惊讶地发现,连他也不能随意入内,必须事先提交申请和在门口接受身份查证。

人称代词在具体语境中都代表了具有特定身份和地位的人,从而能够以此为端点,建构起某种序位框架。而以"自己"和"我"为核心的代词成分的大量出现,也在某种程度上反映了人类以自我为中心、由己及他来认识外部世界的认知倾向。

而指示代词进入连字句,也表现出相似的情形:在14例指示代词用例中,近指代词"这"一类的(这点儿、这么个、这儿、这个、这样的、这件、这位、这些个、这、这种等)有13例,而远指代词"那"一类只出现了1例(那种)。这也反映了人们由近及远的认知倾向。例如:

(40) 当干部这些年,你连这点诀窍都不懂?

(41) 政府官员在一方任职,胸中应有全局,连这个都不明白,自然不是一个够格的地方官。

(42) 而看电影,连那种把观众当傻瓜让你哭也不是笑也不是的片子,票价竟也要六元人民币!

这3例中指示代词的使用,一方面指示了语境中特定的事物对象,揭示出其突出的个性特征,另一方面也给这种事物确定价值等级。像例(42)"那种把观众当傻瓜让你哭也不是笑也不是的片子"就非常明显地表现出说话人的这种心理倾向。

专有名词和代词,无论在词汇层面还是在句法层面,都是很特别的一类,它们在语义理解上特别依赖具体语境的帮助。连字句中的专有名词和代词也就是通过具体语境的帮助而确立了情理关联的方向,从而得以序位化。特别是代词中对"自己"类人称代词和"这"类近指代词的选择偏向,是非常有意义的现象。

4.3 句法手段对一般名词的序位建构

一般的无序名词可以通过添加修饰语这一句法手段来建立名词短语的量级差异,从而形成名词的序位框架,这是连字句NP位置上名词短语的另一突出特征。有趣的是,这种位置上的名词修饰语,往往在词义内部就含有一种量级特征,这是需要我们特别关注的地方。下面,我们从三个侧面,来分析修饰语等级对名词序位建构的作用。

4.3.1 修饰语的"基本性"(34例)

可以看到,在名词的修饰语位置,经常出现的词语是"基本的、起码的、普通的、正常的、合理的、一般的、常见的、简单的、本职的"这样一些词语成分。它们一旦出现在名词的修饰语中,实际上就是把所修饰的名词成分进行了序位化了。例如:

(43) 这样,不仅拿不到高薪,恐怕连基本年薪都保不住。

(44) 当时中华民族处在生死存亡的关头,劳苦大众连起码的生存都没有保障,所以不得不起来革命。

(45) 这个学习当中吧,是啊,这个由于自己吧,连很简单的基础的东西都不懂,什么叫进销差价啦,什么这些东西,什么都不知道。

例(43)的"基本年薪"、例(44)"起码的生存"、例(45)的"很简单的基础的东西"都表达的是序列上的端点意义。这种端点意义就是通过添加具有量级特征意义的修饰语而获得的。这一点,与我们在上文讨论过的"底层"意义名词道理是相通的。

4.3.2 修饰语的"基本性"的泛化(9例)

在连字句名词短语的修饰语中,还有一些"基本性"泛化的词语出现。也就是说,它们虽然不是明确的"基本性"一类的词形,但是所表达的意义与"基本性"词语是完全相同的。例如"路人皆知、南方视为赘物、不值一提、鸡毛蒜皮"等等。这些词语表达的也是"基本性"的意义,因而也能够给名词建立量级,并使之序位化。

(46) 风雪边关万事难,就连洗澡、休假这些内地不值一提的事都是莫大的"福利"。

此例中所谓"不值一提的事"就是"最基本/最一般/最简单的事"的意思。无序名词"事"因此而被序位化了。

4.3.3 修饰语的"等级性"(4例)

无序名词在连字句中还有一种序位化的手段,就是在修饰语中置放具有"等级性"的词语"最""最后""小""大"等,从而显示名词的量级差异。例如:

(47) 就连福州市最宝贵的地下温泉也已遭到了不同程度的污染。

此例中"最宝贵的地下温泉"就是通过"最宝贵的"而把"地下温泉"序位化了。

从这三种添加修饰语的句法手段来看,修饰语的语义特征须具有"基本性"

或"等级性",这样才能实现对中心名词的序位化。这个现象说明,连字句的序位框架的建立与相应的词汇选择之间是一种相互制约而又相辅相成的关系。

4.4 语篇手段对无序名词的序位建构

连字句中更大量的无序名词,既非专有名词或代词,也没有适当的修饰语成分,那么,这些连字句中的无序名词是怎样实现序位化的呢?当我们在词汇层面和句法层面都找不到相应的依据时,我们就要把目光转向语篇,在与连字句共现的上下文中来寻找无序名词序位化的条件。崔永华(1984)在复句层面,从"补充式""总分式""不但……,连……""甭说……,连……""连……,甭说……""连……,更……""连……,反问句"等七种情况讨论了与连字句共现的语篇成分。这与本文论述问题的角度和主旨并不相同。下面,我们从有标记和无标记两个角度来论述语篇手段对无序名词的序位建构。

4.4.1 有关联标记的序位建构(86例)

所谓有关联标记的序位建构,是指在连字句的前后上下文中,出现诸如"甚至""不仅""不但""不光""不单""别说""甭说"等表示递进关系的关联成分和反问句"哪里"等形式。这些语句形式与连字句共现,就为连字句中的名词建立情理关联找到了方向,使我们有了把无序名词有序化的可能。让我们来看一些例句:

(48) 寨子周围没有田地,没有菜园,没有刀砍斧劈的痕迹,甚至连果树也没有。

(49) 这一点,是非常残酷的,不光与金牌无缘,连成绩都没有。

(50) 您说没水成不成?甭说工业,人也活不了,连鸟儿都活不了。

(51) 人说迪庆连条像样的公路都没有,侈谈什么机场?

上述例句中的"果树""成绩""鸟儿""公路"在静态的语义层面是无序名词,这一点是肯定的。但是,例(48)在"没有田地""没有菜园""没有痕迹"的铺垫基础上,用"甚至连"把"没有果树"推向极端的位置,从而建立了"田地""菜园""痕迹"与"果树"之间在应有性上的关联序列;例(49)通过"不光"与"连字句"的连用,建立"得金牌"与"得成绩"之间的可能性序列;例(50)更是一个绝好的例子,它通过"甭说""也"与"连字句"的连用,建立起"工业""人"和"鸟儿"之间对水的需求量的序列;例(51)通过"侈谈什么机场?"这一反问形式,建立起了"建公路"

与"建机场"之间的难易度序列。由此我们能够看到,即使对无序名词来说,人们也可以通过一些有标记的关联,在具体的语境中来确立无序名词的情理关联,使之有序化,从而建构起连字句的序位框架来。

4.4.2 无关联标记的序位建构(102例)

在与连字句共现的前后语句中,并未出现像"甚至""不但"一类的关联标记,但是这些语句中却出现了与连字句中的NP相关联的另外一些名词性语义成分,它们与NP构成某种情理关联,从而实现连字句的序位框架。我们把这种情形看作是无关联标记的序位建构。这种无关联标记的序位建构,主要由三种情形构成:

第一种:通过多重相关事物的列举来建立NP的序位,经常用"就"与连字句共现。例如:

(52) 我儿子结婚,哎,就买了点儿糖,买点儿烟,连酒都没有。

(53) 她虽然雄伟,却不像昆仑、珠峰,还没到山麓,就林木绝迹,只有可怜的小草;待到山腰,连野草也罕见了。

例(52)通过"糖""烟""酒"这些相关事物的列举建立了"酒"在办喜事所需物品重要性的等级序列中的位置;例(53)通过"林木""小草"与"野草"的列举,建立了"野草"在此序列中的最低等级位置。

第二种:通过概念的相互对照来建立NP的序列,经常看到的是肯定与否定的对立。例如:

(54) 嗯,原来就是连三轮儿车都走不了,现在也可以走汽车了。

(55) 可以肯定地讲,尽管每个城市都有几家医院在相互竞争着(农村连这样的竞争都没有),但从总体上看还属于垄断经营,医少患多,缺乏真正的竞争。

例(54)通过"可以走汽车"与"走不了三轮车"之间的肯定与否定的对立,来建立"三轮车"和"汽车"对马路行驶条件要求的等级序列;而例(55)通过"有竞争"与"没有竞争"之间的肯定与否定的对立,来说明"市场竞争"对医院的作用力的大小等级。

第三种:有一些极少的例子,并不在语句形式上用并列、对举的方式来建立序位框架,而是用一种隐含对照的方式,让人们建立起某种情理关联的等级序列。例如：

(56) 我的宝贝心肝,80年代的年轻人,还神经兮兮的,小李一向待你不错,不成夫妻难道连跳舞都不行吗？

此例显然把"成为夫妻"与"可以跳舞"进行了难度对比,从而建立了"跳舞"在男女交往关系中的等级序列。

从上面的分析我们能够清楚地看到,对于无序名词,人们往往会通过语篇手段,利用有标记的关联词语或语句的列举、对照方式,来把NP置于某种情理关联的序列当中,从而实现序位化。反过来说,序位化不是一个抽象的概念,而是一个实实在在的言语表达形式。连字句序位框架的实现有其深厚的语言表达形式作基础。

4.5 连字句序位化的语义变异：标举极端

从语义上讲,连字句表示极端性的意义是以前很多学者都注意到的现象。比如邢福义(1986)就指出,"连……也……"是把情况推向极端。我们认为,连字句所表达的这种极端性的语义,从根本上讲是来自于其序位化的认知结构。因为在序位化的认知结构当中,连字句的NP总是作为序列的端点(无论是起点还是终点)出现的,这就为把NP推向极端提供了客观条件。因此,标举极端性是连字句序位化的一种重要语义变体。我们从序位化的角度来理解连字句的极端性,就会顺理成章得多；同时我们也会更正确地把握这种极端性的地位,而不致于以偏概全。下面,我们来具体描写、分析连字句对极端性的表现。

4.5.1 NP为"'一'量名"结构标举极端(53例)

连字句中的NP为"'一'量名"结构(如："一个棉桃""一张书桌""一杯水""一件新衣服""一块门板")时,往往并不表示实际的数量意义,而是用来虚指某类事物,由于"一"在人们的数量认知中是最小的正整数,因而具有端点的意义。"'一'量名"结构因而常常用于标举极端性的连字句中,整个句子具有虚拟、夸张的色彩。例如：

(57) 但他在县城的家里,结婚几年了还是家徒四壁,连一张书桌也没有,营新刚平素经常是就着茶几完成备课的。

(58) 孙兆群自己更是清贫度日,连一件便服也没买过。

例(57)用"连一张书桌也没有"不是要说"没有两张书桌",而是用来作为家徒四壁的极端表现来称说;例(58)用"连一件便服也没买"不是要说"没买两件便服",更不是说"没买一件套服"等等,而是用来作为清贫度日的一种极端表现来称说的。

4.5.2 "结论+连字句"的语段结构标举极端(194例)

连字句使用的另一种常见的情形是用"结论性语句+连字句"这样相对稳定的语段结构来表现极端性。也就是说,连字句所称说的情形属于前文结论断言的一部分,或表示现实情形的举例证明,或表示非现实的虚指夸张。例如:

(59) 当年的小镇、教堂、学校、工厂、车站至今还完好地保存着,连小说中描写的保尔修筑的那条窄轨铁路也还在。

(60) 一时间这里成了欢乐的海洋,连官内乐队演奏的声音都几乎被淹没掉了。

(61) 由于长期受苏联大家庭的熏陶,这里欧化的东西也很多,就连姑娘的穿着打扮和发式也非常时髦,一袭裙装、浓妆艳抹、金发如云、婀娜多姿的小姐随处可见。

(62) 我这个铺子归你,我不要啦,我连被卧都不拿,干出身儿,完全是你的。

在这4个例句中,例(59)中的"铁路还在"是结论"小镇等完好保存"的一个例证;例(60)中"乐队演奏的声音被淹没"用来证明"这里成了欢乐的海洋";例(61)"姑娘的穿着打扮和发式非常时髦"来举证"这里欧化的东西也很多";例(62)的"被卧都不拿"是极端性地表明"这个铺子归你"的决心。再看下面两例:

(63) 在战争年代,吉安的儿女跟着共产党闹革命,做出了极大的牺牲,蒋介石在这里"剿共"时,连石头都要过刀,目前记录在册的烈士就有4.8万人。

(64) 如今的人哪,什么都讲现代化,连生病都跟过去不一样。

例(63)"石头过刀"显然是一种夸张性的表述,用来强调"吉安儿女做出极大牺牲"这一结论;例(64)"生病跟过去不一样"也显然是一种夸张,为了说明"如今的人什么都讲现代化"的普遍性。

"结论+连字句"的这一语段结构模式标举极端性,在自然语料中占有相当的比重。在我们收集到的全部1275例连字句中,有194例,占15%。虽然其内部的成分结构比较复杂,但是在先说结论,后举极端性例子(有时甚至明显带有夸张色彩)加以证明这一点上,却是相当完整和一致的。

4.5.3 "连字句+结论"的语段结构标举极端(31例)

我们在实际的语料中,还发现有"连字句+结论"的语段结构标举极端的情形。也就是说,连字句先举证一个极端性的例证,然后再在此基础上提出一个断言的结论。这也是连字句标举极端性的一种形式。例如:

(65) 那个学校,在广渠门外,当时,连公共汽车还不通呢,很艰苦,哎,从那儿一直工作到退休,就是,就是一直扎下来了,就是。

(66) 如果一切商品化,甚至连微笑都要支付货币,人类社会该是多么可悲。

在例(65)中,先举"公共汽车不通"的极端性例证,然后再下"很艰苦"的结论;而例(66)中,先假设"微笑要支付货币"这一极端性的情形存在,然后得出"人类社会多么可悲"的结论。我们认为,这种结论在后的语段与结论在前的语段,在内在的语义结构上是相同的,因此,我们把它们两者都看作是同一语义框架下的形式变体。

4.5.4 "形+得+连字句"形式标举极端(12例)

连字句标举极端性的另一表现形式是:由"形+得+连字句"构成一种特殊的结构体,其中,"形"就相当于结论,"连字句"就可以看作是一个极端性的例证。这种表达形式与"结论+连字句"的语段结构形式,有异曲同工之妙。例如:

(67) 职工3个月没有领到工资,厂办公室穷得连支圆珠笔都买不起。

(68) 但这冰箱一接上电,就嗡嗡响,吵得人连觉都睡不着。

例(67)中"圆珠笔买不起"极言厂办公室之"穷";例(68)"人觉睡不着"极言冰箱之"吵"。这种形式的语义结构,与"结论+连字句"语段的语义模式是相互平行的。

与此相关但并不相同的另一种少见的情形(6例)是,连字句出现在一个具有感叹性的名词短语后面,例如:

(69) 这十几里山路,连我这屁股蛋子都颠肿了。

我们以为,这种情形也是用来标举极端的。因为连字句前的名词性短语,实际上具有陈述的意义,而后面的连字句就用来标举一种极端的情形。我们可以把例(69)改写为:

(69') 这十几里山路真难走啊！连我这屁股蛋子都颠肿了。

从上述4种情形的分析我们看到,连字句用于标举极端性是其非常重要的一种表达功能。这4种标举极端性的手段虽然不尽相同,但是它们在内在的语义结构上,却有着惊人的相似之处。标举极端性是连字句序位化核心功能的一种重要变异形式,它往往具有虚拟、夸张的色彩,在相当程度上已经形成了较为稳定的语段结构模式。认识和把握这种语段结构模式,对于对外汉语语法教学尤其具有实用的价值。

4.6 小 结

对连字句来说,最为典型的表达形式应当是对有序名词的序位激活,它能够不依赖语境的手段而自然建立起一种序位框架来。但是,语言中大量存在的依然是无序名词,那么要对无序名词建立起序位框架,就要依靠或语境或句法或语篇的不同手段。连字句序位框架的建构也正是在此基础上完成的。在这个过程中,连字句的序位化出现了变异形式——标举极端性。这样的一个纷繁复杂的过程,正好反映出连字句序位化的认知模式从典型范畴化到次范畴化再到脱范畴化的语义演变过程。在这个渐次的语义演变过程中,我们始终可以看到序位化这一核心意义所起的制约作用。

第五节 序位框架对条件成分的映现

5.1 从空间序位到时间序位的转变

从连字句对有序名词的序位激活和对无序名词的序位建构来看,无论是哪种情形,它们都是在建立一种名词与名词之间的情理关联,而这种名词与名词之间的情理关联,本质上体现的是一种空间序位关系,这是由名词的空间性特征决定的。因此,从本质上说,基于名词的序位框架体现的是一种空间序位关联模式。

然而,对于连字句来说,除了这些建立在空间关系上的序位框架之外,已有相当一部分的连字句发生了很大的变化,它们不再用来建构名词的空间序位,而是用来建构前后相互关联的两个动作行为,这些动作行为之间具有时间顺序关系。这样,连字句就发生了重要的语义转折：由表现空间序位转而表现时间序

位。让我们比较两个句子:

(70) 乌鸦和喜鹊很难看到了,连繁殖力非常强的麻雀和兔子也很难见到了。这都是谁造的孽呢?

(71) 特别是中国的,因为包装不好,运输时又马虎,纸袋压得尽是裂缝,卸起来粉末飞扬,不要说卸,工人连手都不摸……

例(70)通过多重相关事物并举来建立"乌鸦""喜鹊""麻雀""兔子"这些动物的生存状态等级序列,它们之间只有空间序位关系而没有时间序位关系。与此相反的是,例(71)的"连手都不摸"显然不是建立"手"与"脚"等肢体之间的序位关系,而是要建立与另一行为动作"卸"之间的序位关系:用手触摸某物是装卸某物的前提条件,显然两者之间具有时间上的顺序关系。因此我们认识到,相当一部分的连字句,不再激活以 NP 为端点的空间序位,而是以"连 NP 都(也)VP"为整体,激活与此动作行为相关的另一组动作行为,而这些动作行为之间是以时间顺序为基础的。我们把这种连字句看作是表现时间序位框架的结构形式。连字句这种从空间序位表达到时间序位表达的转变,也符合人类认知从空间域转向时间域的基本规律。这样的理解,有助于我们对连字句句法语义功能的整体把握。

5.2 两种关联模式的内在联系

从空间和时间这两个角度来看连字句,显然,连字句具有两种关联模式,即名词的空间序位关联模式,它建构的是 $NP_1 > NP_2 > NP_3$ ……之间的序位关系;而动词的时间序位关联模式,则建构的是 $VP_1 > VP_2 > VP_3$ ……之间的序位关系。这两种关联模式的界限应当是分明的,这从例(70)、(71)的分析可以看得出来。

然而,我们发现了一个有趣的现象,连字句的两种关联模式之间,在某种特定的条件下是可以合二为一的,即名词的空间序位与动词的时间序位同步延伸,两者具有平行关系。我们或许可以从人的婚姻这个典型事件来说明这个问题:在婚姻过程中,人们一般要经历恋爱、结婚、生子这样三个阶段。而这三个阶段又与三个典型的名词成分密不可分——对象、爱人、孩子。因此,我们可以得到这样两个平行的关联模式:

动词的时间序位:恋爱>结婚>生子

名词的空间序位：对象＞爱人＞孩子

如果我们用连字句从名词的角度来序位化,与从动词的角度来序位化,两者所得出的语义表达蕴含关系是相同的。即"他连恋爱都没谈过"与"他连对象都没有"具有同样的语义真值,就是"没有结婚,更谈不上有孩子"。我们举这个例子,目的是想说,连字句的名词序位关联与动词的序位关联之间,存在着密切的内在联系。从空间序位到时间序位的认知域的转移,不是不可理解的。

5.3 三层次条件成分的映现

从时间序位的关联模式来理解连字句,我们可以得到许多现象的重新解释。我们认为,连字句的时间关联模式,它最突出的语义作用是表现前后关联的一组动作行为中的条件成分。我们认为,序位的基点与条件的达成之间有一种天然的隐喻关系。条件成分的映现,可以从微观、中观和宏观三个层次来理解。尤其值得注意的是,连字句对条件成分的映现在很大程度上具有词汇化的倾向。

5.3.1 微观条件成分的映现(77例＋11例)

所谓微观条件成分的映现,是指人们在对某一具体的动作行为的执行进行表达时,把这一动作行为进行内部分解,或分解出动作行为的意念与动作行为的执行两部分,或分解出动作行为执行的先决条件与动作行为的执行两部分,而连字句就用来表达意念部分或先决条件部分。这样两种微观条件的映现,都有各自独特的句法表达形式。

第一种:"连V都不VP"。这是连字句中非常特殊的一种句法形式。过去的研究中,人们对这种形式虽有一些关注和分析,但都未能给这种形式以明确的语义解释。我们认为,这种句法形式是用来表现人们先对某一动作行为进行意念与实际执行的分解,然后通过否定意念而否定动作的实际执行这样的认知方式的。显然,在这一认知方式中,动作行为的意念存在是被看作动作行为实际执行的起点,也就是先决条件的。我们这样说,有两个理由:首先,在我们收集到的语料中,共有"连V都不VP"形式36例,其中"连想都没想"一类的形式就有12例,如"连想想也自觉渺茫""连想也不敢想""连想都没想过""连想也想不到""脑子连转也没转"等。这从一个侧面反映了意念的分解;其次,这36例中共使用的动词有"想、看、说、听、理(理睬)、转(想)、嫁、站(起)、笑、知道、坐、闻、找、动、泡(浸泡)、吃、做、管、见"等,这些动词几乎全是自主动词。而只有自主动词才有进

行意念与实际操作的可能;还有我们可以比较自由地把这些句子改写成"连想 V 都不 VP"的形式。例如:

(72) "病人也能选医生,这在以前可连想都没想过!"

(73) 深埋,我听说,深埋更不好,指不定几儿又给深翻了,连找都找不着。

(74) 不过,这些事要搁在咱们百姓身上,编辑们恐怕连看都不看一眼,甭说编辑出版了。

例(72)"连想都没想过"通过否定"想"的意念而否定"想"的行动,进而否定"做"的可能,可以后续"甭说做了"一类的句子。例(73)"连找都找不着"通过否定"想找"的意念而否定"找"的行为,因为我们可以改说成"连想找都找不着"。例(74)"连看都不看一眼"通过否定"想看"的意念而否定"看一眼"的行动,进而否定"编辑出版"一类的后续动作行为可能。这个例子实际上表现了两个层次的时间关联模式:一个是"看"内部"意念—行动"的序列,另一个是编辑工作流程"看(审稿)—编辑—出版"的序列。由此我们也能更深入地理解"连 V 都不 VP"的序位化本质。

第二种:"连[先决条件]都[没有]"。当 NP 位置出现[先决条件]意义的名词短语时,这个连字句实际上也是在对一个动作行为的执行作分解的表述,通过否定先决条件来否定整个动作行为的实际执行。这也是一种微观条件成分的序位化。从语料统计看,这些"先决条件"意义的名词短语主要有"机会、资格、入场券、身份、半决赛的边、知道的份、力气、气力、还手之力、能力、权力、选举权、勇气、自信、意识、梦(梦想)、要求"等。对这些名词短语的否定,实际上是对相关动作行为的否定。例如:

(75) 原来担任系学生会主席的他,因出身华侨资本家,连参加红卫兵的资格也没有。

(76) 我作为一村之长,连支出几百元的权力都没有,还怎样去给群众办事!

(77) 彭作义说:"一个企业必须有一个梦,然后去圆。如果连个梦都没有,如何去做。"

例(75)是通过否定"参加红卫兵的资格"来否定参加红卫兵的行动;例(76)是通过否定"支出几百元的权力"来否定给群众办事的行动;例(77)是通过否定"有某种梦想"来否定实现梦想的行动,这与"连 V 都不 VP"所表达的意义是完全相同的。这些连字句,都是通过对同一个动作行为进行微观分解而得到条件成分,然后对条件成分进行否定,进而达成对动作行为实际执行的否定。这样的认知模式显然是以时间序位框架为基础的。

与上述两种情形密切相关但又有所不同的是"连影子也没有"一类的表达形式。这种形式我们认为也是说话人采取了分解动作行为并有所夸张的认知方式。例如:

(78) 我在街口站了半天,连个老马的影子都没有。

人们会把一个人的影子与这个人本身从认知层面分解开来,并认为影子要优先于人本身被认知。因而,否定了影子自然也就否定了人本身,进而否定与这个人相关的一切动作行为。从这点上理解,"连影子也没有"一类的说法,是否也可以看作是一种对微观条件成分的表达形式呢?

5.3.2 中观条件成分的映现(57例)

我们把进入了具体时间流的前后相关的一组动作行为构成的事件,看作是一个中观的事件结构。在这个中观的事件结构中,前一动作行为的执行,往往会构成后一动作行为执行的条件成分。我们认为,连字句的时间序位关联模式也常用来映现中观条件成分。语料观察显示,连字句可以从4个侧面来映现中观条件成分。

第一:程序性条件。人类社会文明的一个重要方面就表现为,人们的社会行为一般要按照一定法律法规的规定来进行。这些法律法规因而也就成为一种优先的程序性条件。连字句就常常通过对这种程序性条件的否定,来否定后续的动作行为。这些程序性条件是通过诸如"服务规范、立法程序、法律法规、规划、行政法规、立案、规则"等一些词语单位来体现的。例如:

(79) 试想,若连相应的法律法规都没有,或者虽然有却模糊不清、界定不明,让消费者怎么明白得起来?

显然,"有法律法规可依"应是消费者"明白消费权利"的一个基本条件。

第二,工具、材料等物质条件。简单地说,人们凡从事某项动作行为,都离不开一些工具、材料、信息等基本的物质条件。这些物质条件,应当也是先于某种动作行为的存在而存在的。连字句可以通过对这种物质条件的否定,来达成对相关的动作行为的否定。例如:

(80) 现在,世界的发展一日千里,每天都在变化,把自己封闭起来,连信息都不灵,只能越来越落后。

"信息"是现代社会人们生存、发展的一个极为重要的物质基础。"信息不灵"必然阻碍生存发展的空间,"越来越落后"就势所必然。"信息"的条件性是再清楚不过了。

第三,因果关系条件。因果关系显然也是一种条件关系,其前后相关的动作行为之间,因为必然具有时间顺序或空间顺序而使条件成分在先,不可颠倒。这种连字句,常跟反问句相连接。例如:

(81) 如果连群众的呼声都听不进去,哪里还谈得上走群众路线。

(82) 尤其第二个武校开办以来,图书馆的大门整天关着让学员练武,读者连大门都进不去,更别说进去借书看书了。

例(81)把"听进群众呼声"看作是"走群众路线"的必要条件;例(82)把"进图书馆"看作是"借书看书"的必要条件。这种条件关系,是在前后相互关联的动作行为关系之间显现出来的。

第四,"连NP都没有":无标记条件句。我们看到,当"连NP都没有"不在上下文中通过有标记或无标记手段来建构名词的空间序位时,"连NP都没有"形式一般都是表达条件成分的。我们把这种形式称为"无标记条件句"。例如:

(83) (吐痰)喉——嘿,连个痰盂都没有?

(84) 我说这个商店里,这个天儿这么热,居然连个电,那个冰箱都没有。

例(83)清楚地表明,"有痰盂"是"吐痰"的应有条件;例(84)认为,"电冰箱"是热天商店里应有的设备。"连NP都没有"成为无标记条件句不是偶然的,它反映了连字句的序位性与条件成分之间内在的深层次的联系。

5.3.3 宏观条件成分的映现(140例)

微观条件成分和中观条件成分,都是人们在对某一个或某一组比较具体的动作行为进行分解并把相关成分序位化的基础上,使其中某一成分条件化的结果。与此不同,宏观条件成分是指连字句所表现的动作行为,是一种不与具体时间流程相关联、与上下文所出现的其他动作行为之间没有明确、具体的顺序关系,它之所以成为一种条件,是基于人们认知经验结构中往往被规约化的泛条件关系的认识。这样的条件成分,往往属于人们的基本生活行为层次范畴,因而在语言表达中也具有较高的词汇化倾向。

下面,我们从三个侧面来分析连字句所表现的宏观条件成分。

一是泛时空性条件。时间和空间是人类从事一切动作行为最基本的先决条件,没有时间和空间条件的动作行为的发生是不可想像的。这种观念深藏在我们的意识之中,因而用连字句对这种泛时空性条件的否定,往往也就具有了明显的夸张色彩。这种泛时空性条件的否定,一般都用"连[时间]/[地方]都没有"的形式,具有很高的词汇化程度。例如:

(85) 每天,工作,那真是连撒尿工夫儿都没有,一天很忙。

(86) 它树新风也得有条件啊,您瞧咱们这旮旯胡同十号院儿,屋里屋外连身都转不开,还树新风哪!

例(85)"连撒尿工夫儿都没有"显然是一种夸张的说法;例(86)"连身都转不开"其实是说"连转身的地方都没有"。这两个例子都没有与其他具体的动作行为相关联,是一种典型的泛时空性条件,这也充分说明时空因素作为条件在我们经验结构中的位置。

二是基本的生存条件和生活条件。人类生活在这个世界上,首先遇到的问题是自身的生存和生活问题。生命的存在、温饱饮食的解决、生活来源的获得、生活费用的支出等等,都是人们需要优先考虑的条件问题。因此,连字句往往也就用来在一种宏观的层次上对这些问题进行序位化,并使之成为基本的生存和生活条件。我们来看下面的例子:

(87) 有人问他:"你咋连命都不要摸黑往回赶呢?"

(88) 那时的城关村可是穷得丁当响,全村4000多口人连温饱问题都难以解决。

(89) 晚上什么的两三点恨不得再,然后大白天再起早贪黑儿的,连饭也不吃了。

(90) 没有吃,四十多天都没有饭吃,连水都没有。

(91) 去年年底以前,工厂连工资都发不了。

(92) 那一年冬天,正是丈夫病得最重的时候,家家户户都在张罗着过年,可她们家连买菜的钱还没有着落。

上述例句中的"性命""温饱""吃饭""喝水""工资""……的钱"都是我们需要

面对的最基本的问题,能否解决好这些问题,是我们能否正常地从事其他工作的必要条件。正是在这个意义上,我们把连字句对这些语义成分的表达,看作是一种泛条件成分的表达。

三是基本社交行为条件。人类生活的重要组成部分之一就是社会交际活动。在我们的经验世界里,正常的社会交际活动是需要以诸如知道姓名、见面打招呼和得体穿着等行为为前提条件的。用连字句突出对这些行为进行表达,也就意味着这些行为在某种社会交际活动过程具有一定的影响,因为人们是把这种基本社交行为当作一种宏观条件成分来看待的。需要特别指出的是,这种基本社交行为条件的表达具有很高的词汇化倾向,比如"连姓名都不知道""连招呼都不打""连一句话也没说""连面都不露""连头也不抬""连脸也没洗""连衣服都不脱"。再让我们看几个例句:

(93) 这些人可能彼此连姓名都不知道,但因为都是来酒馆喝一杯的,聊起来就没个完。

(94) 据报道,卡斯特罗与美国总统相遇已不是第一次,美国总统布什1992年在里约热内卢参加美洲国家组织会议时,几次与卡斯特罗擦肩而过,两人甚至连一句话也没说。

(95) 你连面都不露,我真想骂你几句难听的!

(96) 刘华东夫妇连衣服都顾不得穿好,抱着孩子飞奔而出。

例(93)表明,按照一般社会交际规则,"知道彼此姓名"应是在一起喝酒、聊天的基本前提;例(94)用"连一句话也没说"否认卡斯特罗与布什之间的政治和社会交往;例(95)"连面都不露"显然是一种社交过程中的失礼行为;例(96)的"连衣服都顾不得穿好"是从人们进行社交时穿着要得体来衡量的。这些例子都表明一个事实,在人们的认知观念中,要进行社会交往,应当具备一些前提条件。对这些条件的缺失,往往会否定或影响整个交际过程。

5.4 后果性成分的映现(13例)

以时间序位为基础的连字句,绝大多数都表现为对条件成分的映现,而这与连字句在空间序位上主要标明起点的分布是一致的。但是,在实际语料中,我们也看到了极少数连字句在时间序位上映现为后果性的成分。例如:

(97) 早晨洗脸不准用肥皂,留着平时洗手,晚上洗脚,洗完脚再浇菜,连肥料都有了。

(98) 等到他也回来啦,这儿也吃完了,连家伙都拾掇起来啦!

(99) 如果年轻时候儿要不注意锻炼的话,恐怕到现在连上班儿都成问题了。

例(97)用"连肥料都有了"说明节约用水进入最后的程序;例(98)用"连家伙都拾掇起来"表明吃饭的全过程至此完结;例(99)用"连上班儿都成问题"是"不注意锻炼"可能产生的后果。毫无疑问,这几个句子都映现着时间序列上的后时间性成分,它们是连字句以终点(结果)来建立的序位化,也非常合理。只是连字句这种对终点的序位化远远不如对起点(条件成分)的序位化那样常见罢了。

5.5 小 结

连字句对条件(结果)成分的映现,是其序位化认知方式从空间域投射到时间域的自然结果,进而形成连字句的时间关联模式,这是连字句在语义表达上的重大转折。连字句时间关联模式所形成的序位框架,集中体现为对不同层次的条件成分的映现。无论是微观条件成分、中观条件成分还是宏观条件成分,它们都以时间序位框架为认知基础,这一点是非常明确的。

就三层次条件成分的作用而言,由于微观条件成分和中观条件成分一般与具体的时间流程相关联,因而会对具体的事件进程产生制约作用;宏观条件成分一般不进入具体的时间流程,而只是作为人们一般的基本生活层次范畴的一些观念而对相关动作行为起到参照而非制约的作用,因此连字句引导的宏观条件成分后面常常接转折性的语义成分就是很好的证明。[①]

第六节 小 结

6.1 连字句的分布

本文第三、四、五部分对连字句进行了全面而详细的分类描写。下面,我们

---

① 例如:(1)在一些地方,许多人连温饱问题都未解决,职工长期发不出工资,领导干部却小车一换再换,互相攀比。(2)1月23日早7点15分,中国人民大学党史系91级学生李永强连早饭也没顾上吃,就跳上汽车,与50名同学一起开赴北京火车站,参加志愿服务活动。

对连字句的分布情况做一个概括性的统计：①

语义类别		用例数	所占比例
空间	有序名词序位激活	285	22.35%
	无序名词序位建构	692	54.27%
时间	条件(结果)成分映现	298	23.37%
合计		1275	100%

从统计不难看出，汉语连字句的句法语义类别大致形成了三分天下的格局：作为序位范畴的典型成员，有序名词序位激活大致占四分之一；作为次典型成员，无序名词序位建构大致占四分之二；而作为在序位范畴基础上发生重大语义转变的脱范畴的成员，对条件(结果)成分的映现大致也占四分之一。作为序位范畴的典型成员和次典型成员，共计占四分之三的比例，应该说也是比较理想的分布状态，而且，它们之间的语义分野也是比较清晰的。

6.2 语义的统一解释：隐性量的潜在制约

以往人们的研究，各从各的角度来观察问题，最后得到的语义解说纷繁复杂、莫衷一是，"语用分级"说、"强调"说、"递进/递降"说、"标举极端"说、"典型事件"说、"隐含比较"说、"范围与否定"说等等，让我们难以对连字句做出合理的统一解说。这尤其不利于对外汉语的语法教学。在研究中我们意识到，对连字句语义的三分，有利于对这一纷繁复杂的句法语义现象做出统一而合理的解释。

我们认为，深藏在连字句序位化这一核心概念背后的是一个极为重要的认知范畴——量范畴，连字句表达的也正是一个以量范畴（量级）为基础的语义范畴系统。人们在量级概念的基础上，根据情理值的大小来对外部事物进行序位化。这种序位化，首先通过对有序名词的序位激活和无序名词的序位建构来实现名词的空间序位。在空间序位中，端点作为一个突显的语义因素，有时会被用来当作极端性成员而得到标举。在建立了一种稳定的名词空间序位之后，人们再通过隐喻来实现对动词时间序位的映现。而动词的时间序位则集中表现为对条件(结果)成分的表达。这样，以序位化为核心，我们就能够对连字句的语义做

---

① 需要说明的是，由于对每个用例的归类存在一定的主观性，因此每个类别的数量统计会有一些误差。但是，这三大类之间的语义差别肯定是存在的，而且它们各自所占的比例总体上也当是可靠的。

出统一的解释;以序位化为核心,我们就能够对其各种语义之间的联系,理出较为清晰的脉络。这种语义联系,其实也反映了语义范畴的典型化、次范畴化和脱范畴化之间的关系。

量级 ⟶ 序位化 ⟶ 空间序位(有序名词) ⟶ 无序名词
　　　　　　　　↓
　　　　　时间序位(条件(结果)成分)

隐性的量范畴,不形于语言形式,但深深影响于语义系统,它体现了人们的认知范畴系统之间的内在联系性。从量范畴演变为条件关系,在汉语中并不仅连字句一个。汉语的许多关联格式,都包含着由量的关系演变为条件关系的痕迹。比如"一……就……""越……越……""再……就……"(曹逢甫、萧素英,2002)等等。因此,从量的观念出发,深入挖掘句法语义系统背后的深层次制约因素,应当是一件十分有意义的工作。

6.3　特定句法对特定词汇的优先选择

从连字句的研究我们能够看到另外一个重要的语言现象就是,句法与词汇的互动关系是语言结构系统中非常重要的一个属性。我们认为,对于句法意义的研究,离不开对于进入这一句法框架的词汇语义的观察与概括。所谓句法意义,说到底是对特定词汇的语义及其关系抽象概括而来,而每一个句法意义的形成、巩固和发展,也是依靠特定的词汇来支撑。当进入这一句法框架的词汇项目发生重大变化时,句法的意义也会发生或多或少的变化。由此看来,句法语义的典型范畴化、次范畴化以及脱范畴化的演变,是与词汇的选择倾向密切相关的。

我们在前文的分析中已经看到,连字句对反身代词"自己"和第一人称代词"我"的选择比其他代词要多得多,对近指代词"这"的选择要远远多于对远指代词"那"的选择,可能是因为它们在认知上更倾向于作为起点的缘故。再如,在"连 V 都不 VP"结构中,"V"的位置出现的动词以"想"为最多也非偶然,这是因为这里的"V"代表的应当是一种"意愿性"成分,而"想"的词汇意义正好与此相吻合。在连字句对条件成分的映现中,我们看到了许多词汇化的表达形式:一方面,词汇的使用相对集中;另一方面,表达形式更倾向于固定化和熟语化。这些也可能都是因为条件成分距离序位化的典型范畴越来越远,因而在语义表达上对词汇的依赖性越来越强所致。

　　句法意义与词汇语义之间的互动关系还表现在,当进入某一句法框架的词汇,在语义类别上发生重大转变时,人们对句法意义的理解也将发生重大变化。从连字句表现出的三大类语义范畴来看,对于有序名词,其序位框架的建立是依靠对名词内部的序位激活在单句之内完成的;而对于无序名词,其序位框架的建立就要从名词外部通过语境、句法或语篇的手段来完成。这是两类不同的名词对连字句这一句法结构所直接产生的不同影响。而当连字句不再以名词为核心而是以动词短语为核心时,连字句就从空间序位的映现转变为时间序位的映现,从而实现对条件(结果)成分的表达。

　　由此我们更加清楚地看到了在句法意义与词汇选择之间的互动关系。对于这种互动关系的把握,应当成为我们认识汉语内部规律的一个重要角度。

第 3 章

重动结构的远距离因果关系动因

第一节 引 言

对现代汉语重动结构(也叫"动词拷贝""动词重出")的研究,不外是两种角度看问题:

一是从句法形式的角度观察动、宾、补之间的关系。这其中有代表性的观点是王力(1944)的"宾补争动"说,李讷、石毓智(1997)的"引进特殊宾语和补语"说,黄月圆(1996)的"一个动词,一个补述语"说,戴耀晶(1998)的"邻近分解"说等。尽管他们各自解说的理论背景不同,解说的侧重点不一,但都从动、宾、补之间的句法关系上寻找答案。我们觉得,由于现代汉语中依然有"动补宾"(我吃饱饭了/他算对了那道题)和"动宾补"(你快找小王来/你可害我不浅)的形式存在,因此,这种从动、宾、补的句法关系来解说的思路是值得怀疑的。

二是着重探讨重动结构的认知功能。其中,戴浩一(1990)的"重复"说和项开喜(1997)的"超常量"说很值得我们重视。戴浩一认为,语言表达形式的重复对应于概念领域的重复,汉语中动词重出现象是对持续的动作和状态的临摹的表达。项开喜认为,重动结构作为一种特殊的句法结构,突出强调动作行为表现出来的超常量,即超常结果、超常量和超常状态/程度。李讷、石毓智(1997)也主张,动词拷贝结构是旨在客观叙述一件事,可把事情往轻里、小里说。不难看出,这三种认知功能的解说都与动作行为的"量"范畴有关。

我们打算在已有的重动结构认知功能研究的基础上,通过对重动结构的语义范畴的分类描写,来进一步推衍和论证这种结构赖以产生的语义认知基础。

第3章 重动结构的远距离因果关系动因

我们从日常的生活口语、文学作品以及相关研究论文中搜集整理到491个重动结构例句,并根据唐翠菊(2001)的观点,把所搜集到的例句大致分为致使性重动结构和描述性重动结构两类,并以"远距离因果关系"的概念来作为分析讨论重动结构语义的认知基础。

下面我们先对重动结构所表现的语义范畴进行分类描写,然后在此基础上分析这种语义范畴与"远距离因果关系"之间的内在联系性。

第二节 以结果的偏离性为基础的致使性重动结构

致使性重动结构,是指谓语动词成分与补语成分之间存在着一种语义上的因果关系。这种因果关系,往往超出了人们一般认识的常规范围而呈现出一种偏离性的、偶发性的特征,我们定义为"结果的偏离性"。根据致使性重动结构补语成分的不同,我们把它们分为以下6小类进行讨论。

2.1 形容词短语作补语

此类重动结构中的补语所代表的语义成分,对谓语动词而言,一般都是偏离性的或超常规的或间接性的结果。例如:

(1) 我这两条腿不是念书念软了。
(2) 没见我抽烟抽穷了,也没见你戒烟戒富了。
(3) 她吃西瓜吃坏了肚子。
(4) 他喝酒喝醉了。
(5) 那群中学生看武侠小说看迷了。
(6) 她抽大烟抽上了瘾。
(7) 红卫兵破四旧破红了眼。

2.2 动词短语作补语

此类重动结构中的谓语动词与补语动词,分别代表着两个事件成分,它们一般构成组合补语。而组合补语所表现的基本上都是一种偶发性的、偏离性的因果关系。例如:

(8) 他钉箱子钉着手指头了。

(9) 她写通知写落了一个字。

(10) 还不是哭你那两个儿子哭瞎的。

(11) 骂人骂到了聘书。

(12) 这些兔子们就是吃蜜枣吃死了。

(13) 你怎么爱串门爱成这样！

另外，有一类重动句是由"把字结构"充当动补结构的，它们也都是表现偶发性、偏离性的因果关系的。例如：

(14) 吃螃蟹把孩子吃吐了。

(15) 打仗把他老婆打没了。

(16) 老师讲课把学生都讲跑了。

(17) 洗冷水澡把他洗病了。

2.3 趋向动词短语作补语

此类重动结构中，补语成分必含有趋向动词"出""出来""来"等。这些趋向动词强制性地引出一种出人意料的结果，它们基本上也是表现偶发性、偏离性因果关系的。例如：

(18) 新来的民工掏那口井掏出了一枚戒指。

(19) 修电梯修出一死二伤。

(20) 验血验出了一桩痛苦心事。

(21) 他们的空调是讲条件讲出来的。

(22) 连棺材还是我给他化缘化来的。

2.4 介词短语作补语

由介词"到"引导的补语成分，在重动结构中表现的是谓语动词执行以后施事（往往省略）所达到的时间上、空间上或抽象程度上的某一位置。这一位置其实就是一种结果，只是这种结果往往是偏离性的、超乎常量的。例如：

(23) 收租收到刘家大嫂床高头去了吧？

(24) 你就是打官司打到皇帝伯伯跟前，也没有这么便宜。

(25) 谁知拍马屁拍到马蹄子上了。
(26) 大年三十,这一天开业开到了很晚。
(27) 闹洞房闹到这个程度也就差不多了。

2.5 动补短语为补语的可能式

此类重动结构中,动补短语是补语的可能式,常为否定形式("V不C"结构)。根据张旺熹(1999),这种否定形式实际上表现的是一种"愿而不能"的目标,是一种可望而不可及的结果。因此它自然代表了一种超乎常量的、偏离性的结果。例如:

(28) 这一回,我们找排长找不到,找连长也找不到。
(29) 他赶火车赶不上了。
(30) 你说这些东西还能做什么呢? 烧火烧不着,沤粪沤不烂。
(31) 今天人没来齐,抽签抽不成。
(32) 女孩子都到你那儿去交费,你爱得过来,结婚结得过来吗?

2.6 "得"字短语作补语

由"得"字短语作补语的致使性重动结构占有相当大的数量。"得"字短语作补语的动补结构,是最为典型的组合补语。它表现的是动作行为所造成的偶发性的、具体的结果。由于"得"后成分各不相同,我们再分为以下3种加以讨论。

2.6.1 "得+形容词短语"

这种重动结构与形容词短语直接作补语的重动结构在语义类型上具有大致的平行性,所不同的是,这里的结果更具有偏离性和具体性。例如:

(33) 他们穿衣服穿得太难看。
(34) 让你们结婚结得这么寒酸。
(35) 他们念书又念得不清楚。
(36) 小明天天跳舞跳得上了瘾。
(37) 我找你找得好辛苦。

2.6.2 "得+小句/动词短语"

这种重动结构,由于"得"后成分代表了另一个事件,而这个事件又完全不可预知,纯属偶然,因而是一种偏离性的结果。例如:

(38) 走路走得我脚板底子都疼。

(39) 你就是看书看得脑子全坏掉了。

(40) 这日本人压价压得我心疼无比。

(41) 打篮球打得误了课。

(42) 张艳阳是吃锅贴吃得顺了口了。

2.6.3 "得"后成分省略

有一种重动结构,其结果成分在语境中省略或他移,形成"VOV得(的)"的特殊形式。我们把这种形式看成是句法和语义上语法化程度最高的一种重动结构,它所表现的也是一种客观存在然而又未曾预料的偶发性的因果关系。例如:

(43) 你是不是小时候看日本小说看得……

(44) 你呀,你是盼开钻盼的!

(45) 我舌头破了。——上火了吧?——吃瓜子吃得。

(46) 你的脚也长脚气了?——是啊,就是前几天穿旅游鞋穿的。

从对上述6小类不同形式的致使性重动结构的初步分析我们不难看出,致使性重动结构所表达的语义范畴基本上都与偏离性的、偶发性的因果关系密切相关,这一点是十分明确的。

第三节 以动作行为的超常量为基础的描述性重动结构

所谓描述性重动结构,是指动词谓语与补语成分之间是一种描述与被描述的关系,难以构成明显的因果关系。对于描述性重动结构来说,由于其中的动词谓语和补语之间并不存在明显的因果关系,那么我们就难以分析所谓的因果关系距离。我们想要弄清楚的问题是,描述性重动结构所表现的基本语义范畴是什么?它与致使性重动结构所表现的结果的偏离性又有着怎样的关联?我们高兴地看到,描述性重动结构的语义首先集中在数量范畴(大小、多少)上。下面,我们还是先从补语成分的句法形式入手来逐一分析说明描述性重动结构对数量范畴的具体表现。

3.1 [数量]特征短语作补语

首先,有[数量]特征的短语作补语的描述性重动结构的数量相当大。这类

第 3 章 重动结构的远距离因果关系动因

重动结构集中表现了动作行为所达到的动量、时量以及所造成的数量特征,它们是典型的表现超常量意义的句法形式。例如:

(47) 她爬山爬过许多次。

(48) 你跟他一起拍戏拍了这么多年。

(49) 他吃饭吃了老半天。

(50) 她想这件衣服想了很久啦。

表现动作行为达成的超常数量的例子有:

(51) 有的人受罪受大了。

(52) 我今天买菜买少了。

(53) 你说她说多了,她也会逆反的。

(54) 小孩们玩游戏机玩够了。

有时候,这种数量描述是用另一种更为抽象的方式来表达的。像:

(55) 我用学校的电脑用惯了。

(56) 你开车开快了。

3.2 "得+[数量]特征的形容词短语"作补语

在描述性重动结构中,"得+[数量]特征的形容词短语"作补语的形式很多,涉及的语义成分也比较复杂。我们根据形容词不同的义素特征进一步把它分为两小类来讨论。

3.2.1 "得+[过分]/[厉害]"

根据张旺熹(1999)的论述,"得+[过分]/[厉害]"表现的是动作行为执行的力度,即动作行为作用力的大小。在重动结构中,它表现动作行为的超常量是不言而喻的。例如:

(57) 我感激你感激得了不得。

(58) 我看他们怕你怕得很。

(59) 战士们唱歌唱得很起劲。

(60) 父亲爱她爱得要命。

(61) 今天我忽然觉得想她想得厉害。

3.2.2 "得+[多]/[长远]/[快]/[严]"

又根据张旺熹(1999)的论述,"得+[多]/[长远]/[快]/[严]"表现的是动作行为执行以后所产生的计量性结果——即动作行为所达成结果的数量,这自然也与动作行为的超常量相关联。例如:

(62) 别人提意见提得比较多。

(63) 吸烟吸得比较勤。

(64) 我希望大家不要加班加得那么长嘛,空出时间来相互了解。

(65) 小张投标枪投得远极了。

(66) 这个电梯不好,关门关得太快。

(67) 看来你管孩子管得很严。

我们认为,描述性重动结构所表现的动作行为的超常量特征,不仅有其句法基础而且也有其词汇基础。补语位置上的形容词短语或名词短语成分都可以提取出[数量]的语义特征就是很好的证明。

第四节 以结果的偏离性为基础的描述性重动结构

形容词短语作补语的描述性重动结构,除了表现数量范畴以外,其余的基本上可以归结为表现社会评价(早晚、对错)的语义范畴。所谓"社会评价",我们认为是一种基于一定社会标准的主观评判,它的语义达成是以结果的偏离性为内在依据的,只是它的抽象化程度更高,不能构成明显的因果关系罢了。下面,我们来逐一观察。

4.1 [早]/[对]/[歪]类形容词直接作补语

这类重动结构实际上是对动作行为达成的结果所进行的一种更为抽象的社会评价。例如:

(68) 起床起这么早,吃面包太浪费。

(69) 为什么她的父母年纪那么大?——可能是生她生晚了。

(70) 小张寄信寄错了地址。

(71) 她写字写歪了。

4.2 "得+[早]/[奇怪]/[准]"作补语

同3.1一样,"得+[早]/[奇怪]/[准]"表现的也是对动作行为所达成的结果的某种社会评判——即动作行为所造成的社会性结果。无疑,这种结果的社会评判也是以是否偏离社会公认的标准为基础的,它在更高的层次上仍然与结果的偏离性相关联。例如:

(72) 昨夜睡觉睡得晚,今天特别困。

(73) 男人到了四川,才觉得结婚结得太早了。

(74) 昨天夜里我做梦做得很奇怪。

(75) 毛泽东看邓小平看得很准。

4.3 "得+[好]"作补语

"得+[好]"是对动作行为所产生的社会效应——即动作行为所造成的社会性结果在更高层次上的更为抽象、更为概括的评价。这种社会评价自然也以是否偏离社会或个人的某种标准为基础,因而它在更高的层次上也与结果的偏离性相关联。例如:

(76) 有些人认为大陆学者说话说得不妥当。

(77) 说话说得不得法。

(78) 你游泳游得不好。

(79) 喝茶喝得再怎么精,怎么好,还不是喝茶?

(80) 她办口语班办得十分成功。

4.4 "得+[心理/行为状态形容词]"作补语

根据张旺熹(1999)对功效范畴系统的描写,"得+[心理/行为状态形容词]"作补语,表现的是动作行为主体在动作行为执行过程中所呈现出来的一种心理或行为状态。常出现在这种结构中的形容词有"得意、亲切、大方、难看、轻松、文雅、踏实、潇洒、认真、专心"等。这种动作行为者的"心理/行为状态",自然也是对动作行为所产生的结果的一种偏离。例如:

(81) 老张教书教得很得意。

(82) 你做人做得糊涂了?

(83) 叫爸爸叫得还挺亲切。

(84) 他上课上得特别轻松。

(85) 做情人做得如此能自圆其说的女人。

(86) 看片子看得专心。

对上述 4 小类以结果的偏离性为基础的描述性重动结构的简略描写,使我们看到了这类重动结构的两面性:一方面,它的动词谓语和补语之间不具有典型的因果关系,而只有一种描述与被描述的关系;另一方面,这种描述与被描述的关系并不涉及"超常量",反而表现出以某种偏离性为基础的社会评价特征。这类重动结构,实际上可以看作是介乎致使性重动结构和描述性重动结构之间的一种中间形式,在语义上不构成独立的类别,因此不需单独做认知解释。

第五节 重动结构的远距离因果关系动因

经过上述 3 大类重动结构的分类描写,已经基本触及了我们所搜集来的全部例句的绝大多数类别,只有"VOV 得怎么样"这类尚未讨论。我们认为,从语义上讲,这是一个有待补充的空位形式。例如:

(87) 你答辩答得怎么样啊?

这类重动结构由于不具有实质的语义价值,因此略而不论。

从本文的分析我们认识到,致使性重动结构与描述性重动结构的划分,帮助我们看清了两类重动结构内部确实存在着不均质的特征,我们分类描写的结果也证明了这一点:致使性重动结构以结果的偏离性为语义基础,描述性重动结构则以动作行为的超常量为语义基础。两者具有明显的区别。

从功能主义的立场来看,既然这两类重动结构共有同一种句法形式,那么,它们之间也就必然具有认知上的共同基础。也就是说,结果的偏离性与动作行为的超常量之间必然具有内在统一的机制。

5.1 重动结构的典型形式

在我们所搜集到的 491 个例句中,除去 5 个语义空位的重动结构,其余 486 个重动结构与两种语义范畴之间的大致分布情况如下:

类别	结果偏离性	结果超常量
致使性重动结构	269/55％	
描述性重动结构1		129/26％
描述性重动结构2	88/18％	

很明显,表现结果偏离性的致使性重动结构是多数派,而表现动作行为超常量的描述性重动结构和表现以结果偏离性为基础的描述性重动结构都只是少数派。因此,我们把致使性重动结构当作重动结构的典型形式,而把其他两类描述性重动结构都看成是致使性重动结构的变体形式。

5.2 典型重动结构的"远距离因果关系"动因

因果关系是客观世界的各种现象之间所普遍存在的一种联系。各种因果关系处于各个不同的层次,因果关系的距离也必不相等。举一个例子来说:一个人在家里用锤子"咚咚咚"地修理桌子,这个动作就可能产生不同层次的结果:第一,他修好了桌子。这是直接的、符合预期目标的结果;第二,他砸坏了桌子。这也是直接的但不符合预期目标的结果;第三,敲打声惊醒了正在睡觉的孩子。这是间接的不符合预期目标的结果;第四,敲打声传到邻居家,招来邻居的责骂。这是更为间接的并不曾料想到的结果。

汉语语法体系中最为集中的表现因果关系的句法形式是动补结构。郭继懋、王红旗(2001)明确提出,粘合补语表现的是规约性的因果关系,而组合补语表现的则是偶发性的因果关系。我们理解,这两种因果关系本质上的差别就是因果关系距离的不同。张旺熹(1999)从原型范畴的角度对"动+形"结构所表现出的从"预期目标"到"现实包容"的因果关系的连绵性进行了分析,这实际上也是在讨论动补结构所表现的因果关系距离问题。

举例来说,粘合补语所表现的因果关系距离近,如"他吃饱了""衣服洗干净了"。因为"吃"和"饱"之间、"洗"和"干净"之间具有一种必然的且直接的因果关系;而组合补语所表现的因果关系距离则往往要远一些,如"他吃坏了肚子""衣服洗破了"等。因为"吃"和"(肚子)坏"之间、"洗"和"(衣服)破"之间具有的仅仅是一种或然的、间接的因果关系。如此看来,即使在汉语动补结构内部,不同的动补结构所表达的因果关系距离显然也是不同的。

根据张敏(1998)所介绍的认知主义的观点,"若表达因果的语言形式之间有某种距离,概念领域的因果之间也同样有某种距离,即因果之间的关系是间接的。"Haiman将距离动因表述为:语言成分之间的距离反映了所表达的概念的成分之间的距离(转引自张敏,1998)。Givón称之为"相邻原则",定义为"在功能上、概念上或认知上更接近的实体在语码的层面也放得更近"(转引自张敏,1998)。

在我们看来,汉语重动结构是一种特殊的动补结构,其特殊性就在于它要求动宾结构和动补结构必须同现(即"VOV(得)C")。这样就加大了第一动词(V)到补语(C)之间的形式距离。而这种形式距离的加大,必然暗含着概念距离(因果关系距离)的加大,从而形成远距离的因果关系。我们所说的"远距离因果关系"是一个相对而言的概念:间接的因果远于直接的因果;隐性的因果远于显性的因果;主观的因果远于客观的因果;偶发的因果远于规约的因果;具体的因果远于概括的因果等等。上文对重动结构的典型形式的描写分析,可以证明这种推论不无道理。我们清楚地看到,致使性重动结构以表示结果的偏离性为语义核心。而结果的偏离性说到底就是非规约性的、间接性的甚至是主观性的结果,它们都以远距离因果关系为内在动因。再举一个例子具体说明一下:

(88) 刚才吃水果吃饱了。

"吃水果"和"(肚子)饱"本是两个独立的事件。按照常规的理解,它们之间一般不会构成因果关系,即人们一般不用水果来充饥。而当"吃水果"和"(肚子)饱"被重动结构联系起来时,它们之间就构成了一种远距离的因果关系。这种因果关系的远距离特征是由"吃水果"和"(肚子)饱"相互参照而凸显出来的。如果我们把"吃水果"改为"吃饭",那么,这种因果关系的距离就大为缩短,因而,"吃饭吃饱了"成句的可能性和表达的几率就小得多。

当今中国社会有一个名叫"四大傻"流行语是这么说的:

(89) 炒股炒成股东,炒房炒成房东,泡妞泡成老公,练功练成法轮功。

谁又能不认为这样的结果是这些"傻子"们当初所始料不及的呢?

5.3 描述性重动结构与致使性重动结构相统一的认知机制

我们认为,致使性重动结构侧重表现结果的偏离性,描述性重动结构侧重表现动作行为的超常量。这种差别确实是存在的,但又是很表面的,它们在本质上必有统一的机制。隐喻研究表明:隐喻是以相似性为基础的,而换喻则以相邻性为基础。换喻中可以分出满足对应条件的各种关系:因与果、工具与目的、容器与内容、物品与所在地、符号与意义、生理与伦理、模型与实物(参看束定芳,2000)。我们认为,在结果的偏离性和动作行为的超常量之间,正暗含着一个自然而紧密的逻辑联系:动作行为的超常量就必然导致结果的偏离性;而结果的偏离性一旦出现,也就常常意味着动作行为的超常量。这两者其实也是一对紧密相邻的因果矛盾体。从人们一般的认知经验来理解,如果一个动作行为造成了一个结果,这个结果距离动作行为的起点越远,那就说明这个动作行为的作用力、影响力越大;反之,一个动作行为所发出的作用力越大,它所能引起的意外结果就越多,造成的影响也就越广。这正如人们在水中投石,投石的力量越大,激起的浪花就越大,波浪所及的范围就越广;反之,浪花越大,波浪越远,就可以推知投石的力量越大。对重动结构而言,结果的偏离性与动作行为的超常量总是如影随形,密不可分。这种现象正好满足了人类认知经验中以相邻性为基础而进行换喻的条件。举一个例子说明:

(90) 你那个牙就是乱吃东西吃坏的。

"吃东西"与"(牙)坏"之间,一般情况下不会产生因果关联,但是,在特定条件下,比如吃东西太多、太杂,或吃法不当,就会使牙变坏。这样,原本两个距离甚远的事件就可能被联系在一起,构成远距离因果关系。而这种远距离因果关系之所以达成,也正在于"吃"这个动作行为的动量是超常的。所以,动作行为的超常量与结果的偏离性都共有重动结构的句法形式就不难理解了。由于人们对结果的认知要比对动量的认知更直观、更直接,因而汉语中对结果偏离性的表现形式要比对动作行为超常量的表现形式更具有典型性。

5.4 重动结构的原因解释功能

据初步观察,汉语的重动结构具有很强的原因解释功能。这种原因解释功能与其语义上的远距离因果关系动因是相互吻合的。

所谓重动结构的原因解释功能,是指在具体的语境中,重动结构更倾向于出现在具有因果联系的语段中。更为重要的是,重动结构常常用来交待或提供原因这一背景信息。在我们所观察的语料中,75%左右的重动结构都是用来解释结果发生的原因的。让我们简单地看几个例子:

(91) 走路走得一不留心,他就会绊住自己的胡子摔跤。

(92) 减负后,作业少了,空余时间多了,玩电脑玩野了,玩游戏机玩疯了,心都收不回来了,学习成绩急转直下。

(93) 可口可乐卖得快,是他们做广告做得好。

(94) 她长得胖跟我有什么关系?——这说明她吃饭吃得好,你吃饭吃得不好。

(95) 今天起晚了。——是啊,熬夜熬的。

很明显,这些重动结构都担当着解释原因的语用功能。至于重动结构解释原因的具体情形,容另文讨论。这里,我们所关心的问题是,为什么重动结构明显地具有较强的原因解释功能?

我们认为,重动结构原因解释的语用功能,与其语义上的远距离因果关系动因是一脉相承的。如前所述,在句法层面上,典型的重动结构具有把原本距离较远的因果成分拉近并建立起关联的作用。这种作用可能是原因解释的篇章功能在句法层面映射的结果。正如李讷、石毓智(1997)所指出的:"新格式的一种常见来源是把某种话语结构(discourse structure)抽象稳定下来。"按照这种思路去理解,原因解释的篇章功能,就是要把原本不为人所知的原因成分呈现出来,与结果成分建立起必然的因果联系。而典型的重动结构就是在建立这种远距离的因果关系。例如:

(96) 他抓扒手抓出了名气,一些扒手对他简直到了望而生畏的地步。

这个语段中,"抓扒手抓出了名气"表现了"抓扒手"和"出名"之间的因果联系——这种联系当然是远距离的。而正是这种远距离的因果联系,导致了另一个更大范围内的结果产生——扒手对他望而生畏。

(97) 打可不怕,他们都挨打挨惯了。

这个语段中,"挨打挨惯了"表现出"挨打"的超常量,而正是由于"挨打挨惯了"这一超常量的存在,使他们习以为常而"不怕打"。

看来,这种环环相扣的远距离因果联系,正显示出重动结构的句法作用与其篇章功能之间的高度一致性。这种一致性的存在不仅证明重动结构由话语结构抽象而来,而且也进一步印证了重动结构以远距离因果关系为内在动因的基本解说。如果我们能把重动结构在句法和语义上的远距离因果关系与其原因解释的语篇功能结合起来,那么,我们对汉语重动结构的认识就会更深入一些。

第4章

汉语句法重叠的无界性

第一节 引 言

1.1 汉语句法重叠研究概况

汉语的句法重叠,与汉语许多层面的问题相关联,比如词法重叠、短语的重复、语用反复、时体、句式、语气等等都有密切的关系。从词类的角度看,汉语的句法重叠主要集中在动词、形容词、数量名词这三个大的方面,另外像代词、副词、象声词也多多少少有一些重叠现象。因此,重叠问题一直是汉语语法研究的热点和难点。据初步统计,在过去几十年中,涉及句法重叠各类问题的研究论文约在 240 篇以上,还有很多语法学理论著作和教材都涉及这一论题。这些论文大致涉及这样一些具体的研究方面:各类重叠的语法意义,人类语言普遍存在的重叠现象的类型学,重叠的计量统计,特殊的重叠形式(如 AABB 式),句法重叠与词法重叠的关系,词语重叠的条件和范围,重叠的语用,重叠与时体的表达,重叠现象的历时考察,重叠与相关句法现象的比较,专词、专句、专书的重叠现象,重叠的变体形式(如"V 着 V 着"等),重叠的变调等等。研究角度之多范围之广,在汉语各类句法现象的研究中,应当是非常突出的。2000 年初,华中师范大学召开了重叠问题的专题国际学术研讨会。2003 年又有两部重叠问题研究的专著出版(华玉明,2003;李珊,2003)。所有这些都足以证明汉语的句法重叠研究在整个汉语语法研究中的重要性。

1.2 句法重叠意义的整体性研究

由于句法重叠现象涉及的面很广,与很多语法问题相纠缠,因此要在各种句法重叠现象的背后寻求内在的、统一的精神,就显得特别必要而且重要了。20世纪80年代以后,人们开始把研究的视点着重放在句法重叠整体意义的思考上。其中,代表性的论述有:毛修敬(1985)提出动词重叠与形容词重叠的语法意义是近似的,"都包含着一种量的观念在内"。李宇明(1996a)具体阐述了词语重叠的主要表义功能是"调量",使基式所表达的物量、数量、动量、度量向加大或减小两个维度上发生变化。与此相仿,石毓智(1996)从所有可重叠的词类中归纳出重叠的共同语法意义是表示基式意义的定量化。张敏(1998)提出,汉语大多数的量词(包含少数具有量词功能的名词)、形容词、动词都有重叠形式,这些形式所表达的意义有一个共同点,即包含有某种非重叠式所不具备的量的观念。张敏(1999)更加具体地论述到,体词重叠多表示事物在量上的增减;动词重叠多表示动作的持续、反复、动量增减;形容词重叠多表示形状的增减或强调程度的变化等。陆镜光(2000)主要从语言的象似性来对重叠进行研究,认为重叠式既能指大(表示增加或加强),又能指小(表示减少或减弱),即:形式越多,语气越弱。随着研究视野的不断扩大,人们开始突破汉语语法事实本身的范围对重叠现象加以思考。比如,张敏(1997)以大量的事实证明,重叠是人类语言普遍存在的一种句法现象。在形式和意义的匹配之间,存在普遍共同的意义特征。

这些研究表明,经过长期局部研究的积累,人们对重叠现象的整体把握兴趣越来越浓,而这体现了句法重叠研究正步入一个新的层次。尽管人们对句法重叠意义的整体认识还不尽相同,但大家都看到了句法重叠与"量"这一认知语义范畴之间的密切关系。这是我们进一步思考句法重叠问题的基本立足点。

1.3 本研究的主旨与目标

虽然汉语句法重叠的研究成果已经相当丰富,人们对汉语句法重叠现象从各个侧面予以了不同的关注,得到了许多不同的理解和认识。但我们认为,仍有必要从挖掘句法现象背后的认知动因的角度,对汉语句法重叠现象做一个全面再认识的工作,以此来寻求存在于不同的重叠形式之间、同一重叠形式的不同意义之间高度抽象、概括的统一解释。这样的工作,对于我们进一步深入理解汉语句法语义的内在机制,无疑是十分有价值的。

虽然各人研究的角度不同,关注的侧面不一,但是有一点认识是共同的,这就是各种句法重叠形式之中都包含着"量"的因素,诸如"量少时短"、"大量/小量""全量""周遍量""定量/不定量""逐一性"等等概念,普遍存在于人们对句法重叠现象的思考之中。我们认为,既然大家都看到了各种句法重叠形式中明确存在的"量"的因素,那么,我们何不从把握"量"范畴的最根本方式——"有界/无界"的高度,来对汉语句法重叠形式进行另一番思考呢?我们高兴地看到,已有学者(张宝胜,2001)明确地从"有界/无界"的角度对动词重叠进行了思考,但他的研究还有待于进一步深入。

我们将在"有界/无界"的认知观念指导下,力求对汉语三种主要的句法重叠形式——动词重叠、形容词重叠和量词重叠进行统一的、系统化的理论思考,以探讨汉语句法重叠意义形成的认知动因,概括句法重叠统一的语法意义。这就是本研究的目标。

1.4 语料的来源、收集和整理

众所周知,句法重叠是一种偏向口语语体的语法现象,它在口语中的使用比起在书面语中的使用来要集中、典型得多。瑞士著名的语言学家 Henri Frei (1982)认为,口头语言是研究语言功能的基础,它能提供"最丰富、最可靠、最自然的语言现象"。同时,为了弥补以往研究句法重叠现象时人们往往偏重于文学作品的不足,我们选择了北京语言学院(现北京语言大学)语言教学研究所1993年完成的《当代北京口语语料》录音文本中的前两本作为语料来源。《当代北京口语语料》是20世纪80年代北京人就调查话题而进行的即席口述的录音转写文本。由于该文本为纸质媒介,我们只好用手工的方法加以检索,然后逐句录入计算机,再进行分类整理和分类统计工作。

本研究所确定的句法重叠形式:

动词重叠:AA 式、A 了 A 式、A 一 A 式以及有基础形式的 AABB 式和 ABAB 式。

形容词重叠:AA 式以及有基础形式的 AABB 式和 ABAB 式。

量词重叠:AA 式、一 AA 式和一 A 一 A 式。

需要说明的是,为了行文的方便,我们把一般所说的名词重叠、数量词重叠等概念统一称为量词重叠。因为量词在数量名重叠中占有核心的地位。

最后,我们在95万字的语料中,共收集整理得到动词重叠1295词次,形容词重叠350词次,量词重叠251词次。本研究工作就在这一语料基础之上展开。

第二节 无界量的三种基本形态

2.1 "有界"与"无界"的基本对立

我们认为,"有界"与"无界"是人类把握外部世界、看待一切量性特征的最根本的认知方式。各种句法重叠形式所反映出的量性特征,自然应当纳入"有界"与"无界"的认知范畴中去把握。这是我们思考汉语句法重叠与量的关系的基本点。

沈家煊(1995)说,人们感知和认识事物,事物在空间有"有界"和"无界"的对立;人们感知和认识动作,动作在时间上有"有界"和"无界"的对立;人们感知和认识性状,性状在"量"或程度上也有"有界""无界"的对立。人类认知上的这种基本对立必定会在句法结构上反映出来。因此,语法分析的一个重要任务就是要把这种反映揭示出来。正是基于这样的想法,我们认为,汉语的不同句法重叠,必定会反映出人们在"量"的认知方式上的某种内在统一性,或为"有界"或为"无界",而这就为我们寻找句法重叠的内在统一的精神提供了可能。汉语句法重叠的这种或"有界"或"无界"的量性特征,也一定会通过种种语言形式表现出来。本研究的基本任务,就是要通过对三种句法重叠形式的语言表现分析,来揭示它们在"有界/无界"上的基本属性。

为了更好地理解"有界/无界"的对立,我们这里不避繁琐,把沈家煊(1995)中引用的 Langacker(1987)关于区分"有界事物"和"无界事物"、"有界动作"和"无界动作"的标准重复如下。

区分"有界事物"和"无界事物"的三条标准是:

1. 无界事物的内部是同质的(homogeneous),有界事物的内部是异质的(heterogeneous)。
2. 无界事物具有同质性,所以具有伸缩性。有界事物具有异质性,所以没有伸缩性。
3. 有界事物具有可重复性(replicability),无界事物没有可重复性。

区分"有界动作"和"无界动作"的三条标准是:
1. 无界动作的内部是同质的,有界动作的内部是异质的。
2. 无界动作具有伸缩性,有界动作没有伸缩性。
3. 有界动作具有可重复性,无界动作没有可重复性。

根据这样的标准,我们认为,汉语句法重叠的三种主要形式,动词重叠、形容词重叠和量词重叠,都应当是无界的形式,而非现在人们所普遍主张的有界的形式。我们的基本假设是,汉语句法重叠表现无界的量。

2.3 有界的量与无界的量

我们认为,人类对外部世界各种量的把握,其实应该分为"有界的量"与"无界的量"两种。这是我们用"有界/无界"的观念,进一步分析句法重叠所表现的量的本质的一个基本前提。

人类对外部世界量的把握,取决于三个基本要素:一是人的认知能力,二是人的主观意愿,三是人的认知方式。我们提出所谓"有界的量"和"无界的量",就是基于这样一种假设:"有界的量"是人们能够并且愿意把握的量;"无界的量"是人们不能够或不愿意把握的量。

人类虽为万物之灵、世界主宰,但人类自身先天却有着很多认知能力上的局限。因此,对人类来说,只有在人类自身认知能力把握范围之内的东西,人们才可以将它感知为有界的量,相反,超出人类自身认知能力把握范围之外的东西,人们便只能感知为无界的量,这是人类认知世界的基本道理。我们大家都熟悉的光谱,就是一个很好的例子:太阳光经过三棱镜后形成按红、橙、黄、绿、蓝、靛、紫次序连续分布的彩色光谱。红色到紫色,相应于波长由 7700～3900 埃构成的区域,是为人的肉眼所能感觉到的可见部分。红端之外为波长比可见光更长的红外线,紫端之外为波长比可见光更短的紫外线,它们都不能为人的肉眼所察觉,但却能用仪器记录下来。对一般人来说,我们只能够在一定的波长范围内(7700～3900 埃)来分辨七色光,这七色光是有界的。但是,这个范围之外的波长,一般的人是不能分辨的,因而这个波长是无界的。试想,我们人类之所以为自己设有"无穷大""无穷小"这样的概念,也就是对人类自身认识能力局限的宽容。

问题的另一面是,如果面对自身认知能力范围之内的东西,由于文化、历史、社会、特定场合等种种因素的影响,人们并不总是时时处处需要用理性的方式去认知它,而往往采用一种模糊不清的、感知体验的方式去认知它。这时,人们也会把这个对象看作是无界的。因为从根本上讲,人类对外部世界的把握是一种认知心理现象。举一个例子,人们要数清楚卢沟桥上的狮子,即使对于小学生来讲,也并非力所不能及,但那是一件很麻烦的事情,因此一般人宁愿不清楚卢沟桥的狮子,而把它看作是一个无界的量——好多好多的狮子。

李英哲(2000)依据认知心理学理论指出,人类的认知过程有两种基本处理模式,即"即时扫描"(summary scanning)和"次第扫描"(sequential scanning)。这两种不同的认知方式也就决定了人们对量的把握方式的不同。我们认为,"即时扫描"是一种有界的认知方式,而"次第扫描"则是一种无界的认知方式。因为在次第扫描的过程中,人们感知到的是一个局部的个体,与这个个体前后相关联的成分在人们的认知视野中被忽略、被淡化,这个个体便处于一种没有边界的状态,这也就是"只见树木,不见森林"的认知方式。由这样的认知方式所带来的"量",应当也是无界的。

我们之所以详细地讲这样一个道理,实在是因为"有界的量""无界的量"这两个概念的区分,对于理解汉语句法重叠所表现出来的"量",具有非常重要的意义。刘月华(1983)谈到,动词重叠有时所表示的动作不是短时少量的,有时是不可计量的。这"不可计量"大概也就是我们所说的"无界的量"的含义。我们知道,数有实数虚数之分,量也有实量虚量之别,这讲的也是"有界的量"和"无界的量"的道理。

2.3 "无界的量"的三种基本形态

上面我们把量分为"有界的量"和"无界的量"。下面我们将进一步分析"无界的量"存在的三种基本形态,即无界小量、无界大量、无界逐量。

2.3.1 "无界小量"和"无界大量"

所谓"无界小量"就是人们通常所说的"无穷小"。对一般人的认知经验而言,世界上很多的量是以"无穷小"的形态存在的。一个量级小到一定的程度,我们便难以把握或不愿意去把握它的存在,这就是"无界小量"。比如长度计量单位,一般人的认知能力大概只能把握到毫米、丝米,更不用说什么忽米、微米、纳米了。所以,小于丝米的单位大概只能是被看作"无界小量"。

所谓"无界大量"就是人们通常所说的"无穷大"。对一般人的认知经验而言,世界上很多的量是以"无穷大"的形态存在的。一个量级大到一定的程度,我们便也难以把握或不愿意去把握它的存在,这就是"无界大量"。比如我们常常说的"光年"这个长度单位,一般人的认知能力是把握不了它的确切长度的。宇宙对我们来说是无穷大的,因而是无界的,也是因为我们人类的认知能力还远远达不到整体认知宇宙的能力。

当然,"无界小量"和"无界大量",不仅仅取决于人的认知能力。即使是那些处于人的认知能力范围之内的东西,人们也可以根据自己的认知心理,主观地把它们处理成为"无界小量"或"无界大量"。正如李宇明(1998a)在讨论动词重叠所表现出的"量"时所指出的,这里的"量"就是语言心理观念上的量,而不是客观物理观念上的可用数量词语(实指性的)标示的量。

2.3.2 无界逐量

从认知方式的角度看,当人们用"次第扫描"的方式对外部世界进行观察时,被观察的对象在人们的心理世界中所呈现的顺序与观察时间所推移的进程是同步的。这时,人们对外部世界观察的视点,随着时间的延展而在被观察对象之间作顺向移动,那些被观察的对象便成为被忽略了前后相邻关系物的个体。从这个意义上讲,由"次第扫描"得到的量也就是一个"无界的量",我们称之为"无界逐量"。我们可以从更深的层次上去理解:人们对时间的感知,本质上是一个无始无终的没有边界的过程,因此,以时间一维性为基础的次第扫描方式带给人们的观察到的世界,便也是一个没有边界的世界。刘月华(1979)在比较"每天""天天"时指出,"每"侧重表示全体中的任何一个个体,也能表示由个体组成的全体;量词的重叠形式只表示由个体组成的全体,有"毫无例外"的意味。我们认为,这种由个体组成全体的观念,就是一种"无界逐量"的观念。这种观念也是从"逐量"到"全量"语义演变的内在依据。

2.3.3 "无界的量"与汉语的句法重叠

基于以上对"无界的量"的理解,我们提出如下基本假设:

动词重叠:人们把动词所代表的动作行为的量(时量/动量)推移到无界的认知范畴中,形成无界小量;

形容词重叠:人们把形容词所代表的性状的程度量推移到无界的认知范畴中,形成无界大量;

量词重叠:人们把量词所代表的事物置入次第扫描的认知范畴中,形成无界逐量。

我们可用下图来表达我们这样的一个理解:

动词重叠　　　　　量词重叠　　　　　形容词重叠

下面我们将对从语言实际材料的观察、统计和分析出发,来具体阐述动词重叠的"无界小量"、形容词重叠的"无界大量"以及量词重叠的"无界逐量"特征。

第三节　动词重叠的无界小量特征

3.1　动词重叠语法意义研究概述

对于动词重叠的语法意义,长期以来人们一直进行着不懈的探索,提出了各种不同的观点。有的认为动词重叠表示一种情态,这个情态表现为一个动程,这个动程体现着量(毛修敬,1985);有的提出动词重叠表示急切的意愿性(叶步青,2000);还有的认为,重叠式动词体现了动词的本体性(即"动作"本身)(聂仁发,2001);有的提出动词重叠的能动性观(朱景松,1998)。不过,大多数学者对动词重叠语法意义的讨论还是围绕着"量"和"体"这两个基本范畴进行的。

围绕动词重叠表示量的语法意义的讨论,主要有这样几种基本的认识:1)小量观。总体来说,动词重叠基本上表示量少时短的意义,这是为许多学者所认同的。基本持这种观点的学者如范方莲(1964)、朱德熙(1982)、杨平(2003);2)多量观或不定量观。不少学者看到了动词重叠在量的表达上的不确定性,认为动词重叠表示多量或不定量,这种观点以何融(1962)、李人鉴(1964)、刘根洪(1998)、邵敬敏和吴吟(2000)、陈昌来(2001)、张宝胜(2001)等为代表;3)调量观。李宇明(1996a)指出,动词重叠主要起的是调整动量的作用。由此可见,尽管人们对动词重叠的"量"的表现理解不一,但动词重叠与"量"密切相关却是公认的事实。

除此而外,也有不少学者从时体的角度对动词重叠的语法意义进行了解说。比如张静(1979)认为 AA 表示的是动词的"轻微体";王力(1985)认为动词重叠表示短时貌;Li & Thompson(1981)认为重叠是动词的表小体(delimitative aspect）；申小龙（1983）主张动词重叠表示"短暂"或"轻微"，叫做"暂微体"；戴耀晶（1993）论证动词重叠是汉语完整体的短时体的标志，指明句子所表达的事件是一个完整的短时动态事件。另外，钱乃荣（2000）认为动词重叠式（VV）表示句子动作行为的反复体，陈前瑞（2002）把动词重叠看作构成"反复体"的一种形式。

从前人对动词重叠语法意义的讨论，我们可以得到这样一个基本认识：无论是从时量、动量还是从体的角度看，动词重叠的语法意义基本上可以概括为两个方面的特征：一是表现小量，一是表现反复体。这对于我们进行动词重叠语法意义的再思考是一个很好的基础。

3.2 动词重叠的"有界"观和"无界"意识

我们发现，在对动词重叠语法意义的思考中，似乎有一种普遍的倾向，即认为动词重叠是有界性成分。比如，沈家煊（1995）指出，动词重叠式不同于那些表示"没有终止点""任意终止点""自然终止点"的动词或动词短语，它表示的是固有终止点的"定时动作"。显然，这是把动词重叠看作"有界"的成分。而石毓智（2000）在《谓语结构的有界性》一文中，明确把动词重叠列为与体标记、数量词、时间词、介词结构、结果补语等动词有界化手段并列的成分。不过我们认为，他所举的例子显然是不自然的："吃吃饭再走。""看看电视再睡。"即使到了张宝胜（2001）解释动词重叠与"无定有指"的宾语成分（看看一本书）之间的不合语法性时，也没有突破"有界"观的束缚而提出所谓"临界"的概念来。正因为如此，许多学者主张把动词的基式与动词重叠式相比较，认为基式动词是无界的，而动词重叠是有界的（徐杰，2001）。邵敬敏、吴吟（2000）强调，动词重叠与基式动词作比较是有量和无量的区别，也是这种观点。

问题的另一面是，即使在动词重叠"有界"观占主导地位的时候，也还是有一些学者在对动词重叠的思考中，自觉或不自觉地显示出了"无界"的意识。这是特别值得我们珍视的。比如，李瑜（1989）认为，当说话人不想表示一个具体、准确的动量，而要表示一个不大且模糊的动量时，应用动词重叠的方式；胡孝斌（1997）提出"VV"式所表示的量，是不被说话者重视的量；张敏（1998）指出，延续的动作和反复的动作之间的共同点就在于，二者都被感知为同质过程的复现，动词重叠的本质正是同质形式的复现；李宇明（1998a）认为，动词重叠式排斥数量词语的主要原因是动词重叠已内蕴有不能用数量词语标示的"量"的意义；高增霞（1999）提出，动词重叠式"VV"反映了一个完整事件，这个事件是一个动程，具有心理完整性,所以称之为"心理动程体"。我们认为,如果我们按照前文的"有界""无界"区分的三个标准来看,这些论述都或多或少地从某一个侧面反映出动词重叠的某种无界性特征。张赪(2000)认为,表示动作次数少、持续的时间短、程度轻的"V一V"的用法,显然是由实际计量动作次数的用法引申虚化而来的;李宇明(2000a)也指出,动词带数量补语用外附数量词语的方式表达动作量(包括动量和时量),动词重叠式用内蕴的方式表达动作的量,这两种量的表达方式属于不同的语法范畴,但这两个语法范畴之间存在着关联,两者典型现象之间有一个由实到虚的连续性序列。我们注意到,张赪和李宇明都谈到量的虚化问题。那么,如果把动词带数量补语的形式所表达的量看作是"有界"的,那么,进一步虚化的"量"的表现形式的动词重叠,就有可能是属于虚化了的"无界"的量了。

因此我们认为,尽管现在大多数学者主张动词重叠的有界观,但并不意味着这是不可动摇的。事实上,已有的研究已经充分显示出动词重叠无界性的某些特征。我们有理由推论,动词重叠是表现无界小量的句法手段。

下面我们将从动词重叠的惯常性特征入手来进行详细的论证。

3.3 动词重叠的惯常性特征

在前人的研究中,动词重叠表现惯常的意义并非无人提及,但那只是作为动词重叠"量少时短"之外的一个附属意义而已。其实,以实际语料的观察来看,我们会发现,动词重叠最基本的特征是表示"惯常性"的动作行为,这是比所谓"量少时短"更为基本的特征。

所谓"惯常"是指在一种周期性、规律性时间参照下的习惯性的行动,显然习惯性的行动通常是非限量重复的。因此,反复体很自然地用来表示惯常。我们已经看到,前人对动词重叠表示反复体的认识是相当明确的,而且,反复体与惯常性也是紧密相关的。从这个角度说,我们把惯常性看作动词重叠的本质特征是有依据的。

我们认为,最突出表现动作行为惯常性的是句中同现的那些能够表明动作行为发生的时间成分。这些时间成分表明说话者用怎样的时间尺度去看待、把握这些动作行为。在我们统计到的1295词次的动词重叠用例中,共有716词次的动词重叠出现在具有泛时间成分的句子中,此外还有6对12词次出现在对举的句子中,两者相加,共占全部词例的56%。这一数据足以说明惯常性对动词重叠具有何等重要的价值了。

第4章 汉语句法重叠的无界性

我们认为,确定动词重叠具有惯常性的一个重要参数是句中同现的泛时间性成分。据统计,在716词次的动词重叠句中,明确出现泛时间性词语的句子有503句,这也足以说明动词重叠与惯常性时间成分的共现是相当普遍的一种情形。我们把这些时间词语分为7个不同的类别,它们在实际语料中经常出现的具体词语有:

1. 时令名词:白天、秋天、晚上、天天、下午、夏天、早晨、中午。
2. 时段名词:学生时代、课外(的时候)、那会儿、这两年、多年、小时候、现在、空余。
3. 节假日名词:春节、清明节、春游、冬天、礼拜、星期六、星期日。
4. 时间副词:常常、成天、从小、当时、过去、经常、来回、老、一般、以前、有时候、平常、平时、总是。
5. 动词性成分:代休(的时候)、放假、放学(的时候)、过节、过年、没事(的时候)、休息(的时候)、考前、下班。
6. 时间结构:每……、一年一度。
7. 被抽象的时间因素:爱好、业余、礼节、红白喜事、婚礼、葬礼。

这些词语从时间属性的角度看,一类具有明显的周期性,另一类具有明显的泛时性,这两种时间特征在句中出现,都体现出说话者在以一种惯常性的眼光来看待动作行为的发生。显然,这种观察方式不同于单一而具体的时间参照。因此,在这种时间背景下观照到的动作行为,也就具有惯常性的特征了。

先让我们看一个集中使用动词重叠的语段:

(1) 早晨起来我大概六点,六点左右起床。早晨起来呢,然后呢,先,早晨起来先刷牙,刷牙呢,洗脸。洗完脸呢,有时候儿抹点儿擦脸油儿。抹点儿擦脸油儿呢,然后是,归置归置,擦擦地什么的,就把卫生,房间的卫生吧给搞搞。搞好利索以后呢,就该看看干点儿什么活儿啊什么的,有时候儿家长吃完饭以后呢,刷刷碗什么的。然后自己再吃点儿饭,剩下的时间呢,有时候儿呢温习温习功课,有时候呢,就是看看那个,要是要有好的电视呢,就是打开看看,了解了解什么世界上的一些情况哈,还有一些故事吧。……吃完饭呢,就是看看时间哈,听听小说儿的到时间。听听小说儿呢,是,小说儿听完了听听歌儿。到两点多呢,然后睡一会儿。睡一会儿起来呢,还是吧,有时候儿呢还是学习学习。学习完了,反儿吧,总是那一套似的,看看电视哈。然后晚,晚间呢也是。然后呢,学习学习完了呢,做饭。做饭呢然后,做完饭呢,有时候儿凉,有时候儿热呢,就在外边儿,跟大家一块儿凉快凉快。有时候儿是骑车去,玩儿会儿去什么的,逛逛那个夜市呀,什么自由市场啊,看看那个上运河那儿,大家都游泳哈。我们有时候儿去看看热闹儿去,凑凑热闹儿,不是凉快儿吗?①

这是一个叙述日常家庭生活情形的语段,在仅470余字的篇幅中,共出现动词重叠21词次。促使动词重叠如此高频率使用的动因,恐怕就是日常家庭生活琐事往往都是日复一日进行而形成的惯常性行为的表达要求。当然,这样的例子的确有些极端,但是它确实可以帮助我们理解动词重叠与惯常性之间的内在关系。

人们一般认为,动词重叠的基本条件之一是动词具有自主性特征。对绝大多数动词重叠而言确实如此。不过,当我们看到下面的例句时,我们就会理解动词重叠使用的更深层次的动因了:

(2) 嗯,每年冬季,就是秋天到冬季的时候儿,我们孩子可能,也就发发烧感感冒,没得过肺炎。

这个语段中,出现了两个非自主动词的重叠形式"发发烧""感感冒"。为什么会出现这种表达方式?惟一的动因就在于说话者是把"发烧""感冒"当作每年冬季经常发生的惯常性行为来谈论的语用需要。

当句中出现"白天""春节""有时候""过节""每天"这些时间性词语时,句子中动词重叠的惯常性是很容易理解的,因为它们是周期性的时间参照。不过,我们还要看到另一种情形:汉语中某些被抽象成为时间概念的词语像"爱好、业余、礼节、红白喜事、婚礼、葬礼"等,也是可以用来作为惯常时间参照的。例如:

(3) 至于说其他爱好吗,就是踢踢球儿,踢踢足球儿。
(4) 有的这个年老街坊有点儿这个,办红白喜事儿啊,哎,找我帮助给写写账,记记账,哎,有写写这个幛子伍的,哎。

---

① 这个语段出自北京语言学院(现北京语言大学)语言教学研究所1993年完成的《当代北京口语料》录音文本中的前两本。《当代北京口语料》是20世纪80年代北京人就调查话题而进行的即席口述的录音转写文本。

(5) 所以呢就是，必须得全班哪，或者个别地呀，哎，表扬表扬他。

例(3)中的"爱好"，提示人所具有的一种恒定的属性，作为时间参照自然具有惯常性特征；例(4)中的"办红白喜事儿"指的是一种经常性的、常常如此的行为，它所提示的时间参照因而也是惯常性的；例(5)虽然没有明确的提示时间参照的词语成分，但是我们可以根据句子所表达的内容判断它所讲的是一般性的情形，因而也是以惯常性时间参照为基础的。

从惯常时间参照的角度出发，我们还能够看到一种特殊的情形，这就是对举的动词重叠句：

(6) 这个什么。父母到到到，到男的家相相姑爷，哎，那边儿到这儿相相姑娘，这这，一同意就得啦。

例(6)中的两个"相相"，在相互的对举参照中实现了惯常性。而且这本身讲的是一般的嫁娶之礼，自然也就是惯常性的。

上述动词重叠与惯常性时间参照如此和谐一致的种种事实表明，惯常性特征对动词重叠起着深刻的制约作用，或者说，惯常性是动词重叠表现出来的一个基本属性。大量的语言事实已经说明了这一点。

3.4 动词重叠的未然性特征

在我们收集到的1295词次的动词重叠用例中，除了56%的动词重叠表现为惯常性特征外，还有相当一部分的动词重叠出现在未然语态中，这就必然规定了动词重叠具有未然的属性特征。这一分布状况体现了动词重叠无界性的另一种表现形态。下面，我们从与动词重叠共现的句法成分的角度，来观察动词重叠的未然性特征。

第一，情态动词+动词重叠，共106句。例如：

(7) 因为我家里还有孩子，也得需要安排安排。工作呢也得交代交代。

(8) 哎嘿，牛街应该改变改变。

动词重叠常常受情态动词"应该""得""可以""能""想""要"等的制约，自然代表的是一种未然的动作行为。

第二，心理动词或谓宾动词+动词重叠，共53句。例如：

(9) 嗯，我有一个习惯，我爱看看报纸啊，爱看看这些个社论哪，祖国的这些形势啊,不管哪方面儿我好像咥,嗯,都爱瞧瞧它。

(10) 比方讲他叫我们帮着儿他解决解决。

动词重叠也常受心理动词"爱(喜爱)""喜欢""愿意""准备"或谓宾动词"需要""帮""搞"等的制约,代表着未然的动作行为。

第三,趋向动词句+动词重叠,共65句。例如:

(11) 这个,我自己真正出去玩儿玩儿去,自己花钱说我出去,跟爱人哪,跟孩子一块儿玩儿玩儿去,这个,就去过一次。

(12) 我说我们上厂子给你反映反映。

动词重叠因受引导目的的趋向动词"出来""出去""回去""来""去""上"以及动词"到"的制约,一般也代表未然性的成分。

第四,使令动词句+动词重叠,共19句。例如:

(13) 就是让你换换环境。就是心情舒畅,换换环境什么的。

(14) 她姑姑来了说,那个说让她瞧瞧去。

在由"让"或"使"构成的使令结构当中,动词重叠代表的一般也是未然性的成分。

第五,建议句,共88句。例如:

(15) 算了,还不如自己看看书啊,或者是,还不如。

(16) 我谈谈反正我对我对这小孩儿的教育。

(17) 现在房子也大了,我说你们还都不归置归置。

(18) 我觉得早上起来要是不跑跑不走走,我原来在雅宝路这儿住吧,我几乎不坐车。

例(15)中的"不如自己看看书"表示的是一种自我建议性的语态;例(16)中的"我谈谈"是一种引入话题的成分,也可以理解为自我建议;例(17)、(18)中的"不+动词重叠",表示一种"应当如此"的意义,因而是一种建议性的话语成分。这些形态中的动词重叠成分,也都是未然性的。

第六,祈使意味句,共47句。

(19) 就这么凑合着住得了,凑合住,明儿咱慢慢儿再勾抹勾抹,拾掇拾掇,得了。

(20) 他爱人也快生小孩儿了。没事儿跟他聊聊。啊,怎么着怎么着照顾你,这个,关心关心你爱人,怎么明儿有了孩子该怎么办怎么办。

例(19)和(20)句,虽然不是典型的祈使句,但是它们都委婉地表达了一种祈使的意味,因此,这些句子中的动词重叠也应属于未然性成分。

第七,思考句,共31句。

(21) 你说真是,咂,怎么互相帮一帮或弄一弄,你说在咱们农村人也万元户儿,人就能想点儿这。

(22) 喷,不太,厂来厂去,看看工厂也没多大希望哈,一个夜校,她说这样儿也不好。

像(21)、(22)这样的句子,表现的是说话者的心理思考活动。显然,其中的动词重叠代表的是一种未然性的成分。

第八,假设条件句,共64句。

(23) 查查大便,大便也没事儿。啊,再查查白血球儿,白血球儿也没事儿,也不像发烧的,也什么的。

(24) 看来这发展发展的话,就跟这外国似的,到周末了,旅游车一坐啊,这个各种食品,帐篷往后备箱里一放,开车海边去了一家子,帐篷一支。

像(23)、(24)这样的句子,我们看作是一种具有假设条件关系的语段。动词重叠基本上均处于条件成分的位置上,因此,我们基本上可以认为,这种情形下的动词重叠大多数都是未然性的成分。

综合以上8种情形,我们得到了一个基本的结论:在这些句法或话语条件支配下的动词重叠,基本上具有未然性的属性。由于未然性成分没有进入具体的时间流程,不可能有确切的起点或终点,因而是无界的。这正如心理动词本身表现无界特征是一样的道理。

3.5 动词重叠的已然小量特征

从实际语料的统计中,我们看到,在惯常性和未然性之外,还有极少一部分的动词重叠表示已然的动作行为,这些动作行为呈现出一种小量的特征。如果动词重叠所表示的动作行为是具体的、一次性的,那么它一定是已然的,而且是小量的。这种已然性的动词重叠有两种表现形式。

第一种是动词重叠带"了"的形式,共有29词次。例如:

(25) 后来他们就给<u>查了查</u>,就说,说这叫兴隆庄。

(26) 哦,哦,上去过,嗯,也<u>试验了试验</u>,但是没起飞,不不敢开也,也也不会,人家也不让开。

例(25)中的"查了查"、例(26)中的"试验了试验"显然表示的是已然的动作行为,而且基本可以理解为一次性的动作行为。"查了查"和"试验了试验"同时也显示了"小量"特征。

第二种是动词重叠不带"了"但表示已然小量的动作行为。具体又可分为两种情形:

1. 动词重叠表示一个单个的一次性动作行为,共有45词次。例如:

(27) 请我去给他们,就作为两代的家长啊,给他们<u>讲讲话</u>。

(28) 结果一喝完了,挺爱喝的啊,俩人<u>商量商量</u>,干脆,咱们呀也甭,甭看电影了,咱们再来一碗吧!

例(27)中的"讲讲话"显然是"讲了一次话"的意思;例(28)中的"商量商量"也就是"商量了一下"的意思。

2. 动词重叠表现已然的多个动作行为之一,共有20词次。例如:

(29) 到天津"狗不理"包子<u>看看</u>,百货大楼<u>看看</u>,人民市场<u>看看</u>。

(30) 到时候儿来了之后,啧,<u>吃吃</u>糖,<u>抽抽</u>烟,哎,就完了。

例(29)中的"看看"是一组已然的"看看"的行为之一;例(30)中的"吃吃糖""抽抽烟"也各自都处于一组已然的动作行为中。

上述例句的分析表明,如果动词重叠表现已然动作行为的话,那么它所呈现的基本特征就是"小量"。这也就是以前的大多数学者所着重强调的动词重叠表现"量少时短"那部分情形。遗憾的是,这样的情形对动词重叠来说,所占比例太小了。如果我们把这一形态当成动词重叠语法意义的主体,那是有悖语言的基本事实的。

3.6 惯常性是动词重叠最基本的意义特征

从动词重叠的分布状态中,我们清晰地看到了动词重叠截然分明的三种形态:惯常性的动词重叠、未然性的动词重叠和已然性的动词重叠。如何看待这三

第4章 汉语句法重叠的无界性

者之间的关系,就成为我们概括和把握动词重叠的核心语法意义的关键所在。

我们认为,惯常性是动词重叠最基本的语义属性。首先,在动词重叠的三种分布形态中,惯常性的动词重叠所占比重最大。请看下表:

分布形态	惯常性	未然性	已然性	合 计
重叠词次	728	473	94	1295
所占比例	56%	37%	7%	100%

统计数据清晰地显示,我们把惯常性看作是动词重叠的最基本的意义属性,是有充分的依据的。

其次,也是更为重要的理由,我们把惯常性看作动词重叠最基本的意义属性,有利于构建动词重叠不同意义之间的内在系统:惯常性是未然性特征和已然小量特征赖以产生的基础。

一方面,惯常性蕴含着小量。王还(1963)就指出,动词重叠具有分段描述的特征。李英哲(2000)指出,汉语的重叠是以并行处理的方式对类同事物的认知复现。这话很有道理。动词重叠的惯常性意味着在一个周期性、规律性的时间参照之下,对同一动作行为或相类似的一组动作行为进行并行处理。这样,我们得到的单个动作行为的量就不再是一个独立的量,而是在一个惯常性的认知框架下来显示的连续统中的个体的量。这时,单个动作行为的量就相应地被缩小了。这正如人们近看或远看一个东西所得到的量是不同的道理一样。李珊(1998)也有类似的认识:绵延、反复、久长是一种"量"的观念。短时、少量也是一种量的观念,表面上看,二者语义相反,但由于都是表示相对的量(不表示物理学上的绝对的量),所以二者实际上也可以相通。这是短时体能孕育于绵延体之中的语义基础。

另一方面,惯常性同时也蕴含着已然和未然两个截然相反的因素。Langacker(1997)认为,反复与惯常反映人类不同的认知体验,前者是对事件现实的表征,后者是在对特定事件抽象的基础上形成的非现实的表征。从时间性的角度看,惯常指的是已经发生并将继续发生的动作行为,因此,它应当同时蕴含已然和未然这样两种属性特征。例如:

(31) 你成天老这样儿,闷闷搭搭的,有时候儿就是。哎,找点儿字帖<u>看一看</u>,哎,再不然的呢,就是拿起了这个笔呢,<u>写一写</u>。

这里的"看一看"和"写一写"是已经发生并且还将要继续发生的动作行为,包含了已然和未然两种时间因素。

那么,既然惯常性一方面必然蕴含着小量,另一方面又必然蕴含着已然和未然,那么,我们以此为基础来建立动词重叠的未然形态和已然小量形态,就实在是很自然的事情:我们不妨把未然形态的动词重叠看成是仅仅占有了未然时间段的惯常行为,把已然小量特征的动词重叠看成是惯常性行为在已然的特定时间段内的动作行为量化形式,可以看成惯常性动作行为的语义脱范畴化。这样,我们就能够把动词重叠的基本形态构成如下的系统:

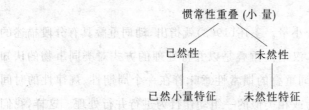

正是基于这样的认识和理解,我们便把动词重叠的意义总归为"无界小量"的特征。因为从根本上讲,惯常性就是一种不设时间边界的量。

第四节 形容词重叠的无界大量特征

4.1 形容词重叠的"大量"观

我们知道,性质形容词最本质的属性在于表示事物的性状特征,而形容词短语和形容词重叠最基本的功能就是表达程度量。

人们在讨论形容词重叠的量性特征时,并不是所有的学者都主张大量观的。如申小龙(1983)就把形容词重叠分为较重级、强化级、较轻级(定语和谓语)。元传军(2002)指出,形容词重叠有双向性的程度义,既可指程度加强,也可指程度减轻。朱景松(2003)把 AA 和 AABB 形容词重叠式的语法意义归结为三点:表示某种状态,表达适度的、足够的量,激发主体显现状态的能动性,三点之中,表示状态是最基本的意义。

第4章 汉语句法重叠的无界性

在讨论形容词重叠的量性特征时,有人会举出作定语和谓语表现小量的语言事实,像"小小""微微""轻轻"一类可以表现小量。对此,我们认为,首先,定语和谓语位置上的形容词重叠表现小量,这是句法位置对量的因素的调整,与形容词重叠本身表示大量的问题并不在同一层次,石毓智(1996)也持有类似的观点;其次,说"小小""微微""轻轻"一类重叠表现小量,实在也是一种误解。这些词的所谓"小量",是其词汇意义层面的小量,而非句法层面的小量。

从现有的研究来讲,大部分学者还是认同形容词重叠表现大量的观点。比如朱德熙(1982)指出,重叠式状态形容词的语法意义里都包含着一种量的观念在内。大致说来,在定语和谓语两种位置上表示轻微的程度,在状语和补语两种位置上则带着加重或强调的意味。王力(1985)在谈到形容词叠字时说:相同的两个字相叠,往往有夸张的意思,咱们就借这夸张的意思来尽量形容某一种情景。李英哲等(1990)指出,重叠可以使性质动词的意义得到强化。李宇明(1999)对形容词重叠的6种方式从程度表达的角度进行了全面考察,认为形容词重叠式所表达的程度绝大多数都比基式有所加强。由此我们不难看出,形容词重叠基本上表现出大量的意义是有广泛共识的。

4.2 形容词重叠的"有界"观

在汉语语言学界,人们一般都认为,性质形容词的基式是无界的,而与之相对的状态形容词(包括形容词的重叠形式)则是有界的。这可以朱德熙(1956)、沈家煊(1995)和石毓智(1996)等关于性状与形容词的关系的有关论述中看出来。沈家煊(1995)举例说,"白"这种颜色是事物的一种性状,"白"可以有各种程度上的差别,雪白是白,灰白也是白,"白"是对各种程度的白的概括,代表一个不定的"量辐",或者说"白"表示的性状是"无界"的。相反,"雪白"和"灰白"则代表这个量辐上的某一段("量段")或某一点("量点")。虽然它们跟其他白之间的界限是模糊的,但我们总是"觉得"有界线存在,它们表示的性状是"有界"的。石毓智(1996)也认为,动词和形容词的重叠式给其基式确立出一个级别。对于形容词,重叠式确立一个程度。注意,这个"程度"是一个具伸缩性的模糊量,有时表示一个很高的量,如"写得大大的""挂得高高的",而有时似乎是一个比较弱的量,比如"大大的眼睛""短短的头发"。这种状态形容词(包括形容词的重叠形式)之于性质形容词的有界观,深深地隐藏在我们的潜意识当中,人们总是自觉或不自觉地把性质形容词的基式与重叠形式进行比较,例如,下觉非

(1983)的论文《"干净"和"干干净净"及其他》,对这两类形容词在语义和语法上的对立(体词性和谓词性)从句法功能的分布上进行比较研究。这样的研究思路,便在一定程度上限制了人们对形容词重叠的认识视野。

4.3 形容词重叠的非比较性

面对广泛认可的形容词重叠的有界观,我们主张换一个研究思路来看问题。显然,性质形容词的基式是无界的,这没有错,但这并不意味着形容词重叠就一定是有界的。我们主张把形容词重叠形式与其他形式的形容词短语形式加以对立并进行比较。我们要寻找的答案是,形容词重叠对量的表现与其他形容词短语对量的表现究竟有何不同,存在怎样的本质差别。我们十分赞同石定栩(2001)从形式句法学的角度阐述形容词重叠是短语,而形容词基式是词的观点。这一观点提醒我们,应该把形容词重叠与形容词短语看作句法地位相对等的成分,因而把形容词短语和形容词重叠进行相互的比较才有意义。举例来说,我们要研究的不是"高兴"与"高高兴兴"在量上的不同,而是"高高兴兴"与"很高兴""比较高兴"等等在量上的不同。当我们把研究视角做出这样的转变的时候,我们对形容词重叠的本质认识就会深入一步,至少我们可以观察形容词重叠在另一侧面的语言特征。

在实际语料的观察中我们看到,形容词重叠在句法形态上的最大的特征是,它几乎从不进入汉语各种形式的比较结构,与比较结构截然分离。我们认为,性质形容词短语最本质的句法属性应当是在性状的程度量上,汉语的各种程度副词、各种比较结构能与性质形容词和谐共现的道理也就在于此。显然,形容词重叠也是程度量的一种表达手段,但它与比较结构、程度副词在分布上却截然对立。这一现象就必然蕴含着它们彼此在语义上有一个截然的分界。我们认为,非比较性与比较性的对立,正是形容词重叠与一般性质形容词短语的分界线所在。

让我们来把性质形容词、形容词重叠与比较结构和程度副词作一简单的比较:

第4章 汉语句法重叠的无界性

	性质形容词短语	形容词重叠
NP+光杆形容词	小王漂亮	*小王漂漂亮亮
比 X+形容词	比小王漂亮	*比小王漂漂亮亮
跟 X 一样+形容词	跟小王一样漂亮	*跟小王一样漂漂亮亮
不如 X+形容词	不如小王漂亮	*不如小王漂漂亮亮
不比 X+形容词	不比小王漂亮	*不比小王漂漂亮亮
没有 X+形容词	没有小王漂亮	*没有小王漂漂亮亮
最+形容词	最漂亮	*最漂漂亮亮
特别+形容词	特别漂亮	*特别漂漂亮亮
形容词+极了	漂亮极了	*漂漂亮亮极了
太+形容词	太漂亮	*太漂漂亮亮
真+形容词	真漂亮	*真漂漂亮亮
很+形容词	很漂亮	*很漂漂亮亮
不+形容词	不漂亮	*不漂漂亮亮
有点儿+形容词	有点儿漂亮	?有点儿漂漂亮亮

上面的比较展示了这样一个基本的事实,即汉语的形容词重叠形式几乎不能与比较意义结构和程度副词共现。高庆实(1999)指出,原式形容词单独作谓语,一般都有对比的意义,形容词重叠式作谓语则不包含对比的意义。元传军(2002)也指出,性质形容词(短语)作谓语,均含有比较、对照的意义,而状态形容词则不然。

我们知道,像"最""特别""太""真"等这样的程度副词表示比较的意义是不难理解的,而像"很""挺""相当"等一类的程度副词,说它们也具有比较的意义,就稍微费解一些。其实,比较是分单比和通比两个层次的。储泽祥等(1999)对此作过很好的论述:"单比是个体与个体的对比,通比是某个个体与它所在类的其他所有个体进行对比"。汉语中的"很""挺""相当"一类的程度副词,正是表示通比的语法单位,它们表现隐性比较的意义。单比也好,通比也好,性质形容词与比较结构或程度副词共现,是以比较性作基础这一点是非常确定的。"不"可以修饰性质形容词,不可以修饰状态形容词,也是出于比较性的缘故。当然,像"有点"这样的副词有些例外,时卫国(1998)指出"有点"作为程度副词可以修饰各类重叠形式的形容词。但即便如此,也不能否认形容词重叠形式不以比较意义为基础的事实。

这样,如果我们能从是否具有比较性的角度来看待性质形容词短语和形容词重叠之间的关系的话,我们不难得到以下的关联模式:

```
无标记比较句        有标记比较句/隐性比较意义        非比较意义
    |                      |                          |
光杆形容词              形容词短语                  形容词重叠
```

4.4 形容词重叠的无界性

从前面的比较分析中我们已经看到，一般形容词短语和形容词重叠都是用来表现程度量的语法手段，但一般形容词短语对量的表达是以比较性作基础的，而形容词重叠对量的表达却不是以比较性作基础的，两者在这一点上处于根本的对立状态。这种对立，体现在有界和无界的认知方式中，又是怎样的情形呢？

我们认为，从人的认知经验的角度来理解，比较性是人类认识外部世界各个事物之间相互联系与区别的一种最基本的手段，而要进行比较认识的基础却是比较对象的有界性，我们只能对有界性的对象进行理性的比较、判断，而不能对无界性的对象进行相互的比较。比如，我们无法比较是天上的星星多还是地上的人多，因为到目前为止，至少对普通老百姓而言，我们还无法知道天上的星星有多少。因此我们说，一般形容词短语对量的表达，是基于有界性的认知基础的。

与有界性比较的认知方式相对，人对外部世界的主观感受和体验也是人们把握外部世界特征的另一种有效方式，它以人的经验直觉、感性体验为认知基础。我们认为，形容词重叠对量的表达，不以有界的比较性作基础，而以无界的主观感受和主观体验为认知基础，这是形容词重叠与一般形容词短语之所以存在上述对立分布的根本原因。张斌先生近年来在讲课和学术演讲中多次谈到，状态形容词（包括形容词重叠）是表达人的主观感受的语言形式。陆俭明先生最近也有关于"形容词重叠是取消界限"的想法。我们有理由认为，形容词重叠表现的是人们在无界的认知基础上对对象的程度所获得的一种主观感受量，这种因主观感受而产生的量，基本上是非理性的，因而也是不可比较、无需比较的。让我们来看几个例子：

(32) 这一家人呢都过得挺和和美美的，是吧，也没有，谁也没说过什么，是吧。

(33) 再有呢，你站在栈桥上面吧，向岸上望去，碧绿的树，红红的瓦，阳光照着，像幅山水画儿一样，特别漂亮。

(34) 真是啊那会儿辛，辛辛苦苦吧，可是觉着非常兴，兴奋，非常高兴，觉得好像为国家出了力啦,是吧?

(35) 现在,晚上下班儿,唑,反正我们呢,就是说,谁回得早,谁,谁做这饭,哎,这个,把饭做熟喽,<u>高高兴兴儿</u>一块儿吃。

上述例子中的"和和美美""红红""辛辛苦苦""高高兴兴",分别代表了形容词重叠形式作补语、定语、谓语和状语的四种句法位置。它们均不与比较结构共现,从量的表达来说,都没有因比较而产生的确定量值,它们表达的只是一种主观感受的量的特征,仅此而已。

那么,综合以上对形容词重叠"大量"和"无界量"两方面的认识,我们认为,形容词重叠本质上是在表现"无界大量"。这一认识,也有助于解释形容词重叠的状态描写功能。

4.5 形容词重叠"无界大量"的语言表现

4.5.1 状位成分的主导地位

让我们回到形容词重叠的语言事实中来。在我们收集、统计的350词次的形容词重叠用例中,作补语的5例,作定语的16例,作谓语的77例,作状语的252例,可见形容词重叠70%以上还是分布在状语的位置上。下面是形容词重叠句法功能分布的一些例子:

(36) 你想啊,这五十两烟土本来是挺硬的,就围的肚子,围的这儿吧,围得<u>紧紧地</u>,啊,打在这个,这个腿上,啊。

(37) 买票的主儿呀,都是一般的这个,哎,老,老,<u>老老实实</u>的人。

(38) 像从前女生吧,<u>规规矩矩</u>。

(39) 所以现在看起来社会治安呢<u>大大</u>好转了,大大好转。

(40) 我看不好了,我就<u>轻轻</u>坐起来了。走了两步儿试试,试试还能走。

上述例句中的形容词重叠形式各自分别在句中担当补语("紧紧")、定语("老老实实")、谓语("规规矩矩")、状语("大大"和"轻轻")。

我们认为,表无界大量的形容词重叠形式在状位成分的主导地位,是否可以从一个侧面反映无界成分更多地具有作背景信息成分的倾向,是值得我们思考的一个理论问题。

4.5.2 "慢慢"与"好好"

从形容词重叠这一句法形式使用频率的角度来观察,"慢慢"和"好好"占有非常特殊的地位。在总共350词次的形容词重叠用例中,"慢慢"出现了119次,"好好"出现了73次,两者相加共出现192词次,占形容词重叠总词次的54%以上。这说明,形容词重叠对"慢慢"和"好好"有特别的选择偏向,至少在口语材料中是如此。这种特殊的词汇选择偏向,是对外汉语语法教学中应当特别重视的。

从语义上说,"慢慢"相对于"慢"来说,绝大多数的语义都发生了偏离:只有极个别的"慢慢"表示"速度大"的意义,而绝大多数"慢慢"偏离了"速度大"的本义,转而表示"逐渐"的意思。还有,"慢慢"全部用于状语,没有出现用作补语、定语、谓语的用例。这一点也很值得我们重视。

(41) 就说这骑自行车儿的,那老的老的,他慢慢骑,这年轻人,好,见缝儿就钻呀,他真往你车轱辘里钻呀这个。

(42) 哎,不可能骑得很快,慢慢骑吧就是说。

这是两个少有的表示"速度大"的用例,绝大多数的"慢慢"用例,在句中都表示"逐渐"的意义。例如:

(43) 是哇,我那个,骑着骑着呢,这个,先扔了两回呢,慢慢儿能凑合上大街了。

(44) 嗯,反正这个家庭来讲,也得慢慢儿地,随着那个形势的发展吧,慢慢儿建设……

"慢慢儿能凑合上大街"表示随着时间的推移情况逐渐发生了变化,"慢慢儿建设"表示随着时间的推移一点儿一点儿建设的意思。因此,我们要在看到"慢慢"重叠表现无界大量的同时,还要看到特定的词汇在重叠时会发生意义偏离的现象。语言的语义系统的形成也许就是这样一个不断悄悄发生语义偏离的过程。

我们再来看"好好"。在73次"好好"的用例中,只有1例用于补语,1例用于谓语。

(45) 哎,一个人呀,在这种时候儿,更应该辛辛苦苦地,哎,勤奋地劳动着,挣钱去,啊,把家里置得好好儿的。

(46) 怎么,为什么一样呢,哦养儿子,你得培养大了,他长大了,他得好好的还得,干,不听话呢,到时候儿喽,父母呢都得跟着呀,也得挂念着,就是这样儿,哈哈……

而其余的71次全部用于状语。在"好好"用作状语的情形中,可以分为四种情况:第一种是"不好好……"用于陈述已然事实,第二种是"不好好……"用于假设条件,第三种是"好好……"用于反问的假设,第四种是"好好……"用于祈使和意愿。分别举例如下:

(47) 考上大学以后呢,他就不好好儿干啦,不好好儿念啦。

(48) 如果你现在不好好儿学习,将来没出路,我觉得。

(49) 我觉得啊,这这话说的,聪明我是自己就知道,好好儿干,好好儿干有什么用啊?

(50) 明天,明天吧,明天开始,得好好儿看看这几场球。

(51) 你说苦口婆心那么讲,我说你们应该好好儿工作。

在"好好"使用的例句中,绝大多数是表示祈使、意愿的句子,很多句子具有[应该]一类情态动词,或是间接表示祈使意义的成分。我们认为,"好好"偏向于在情态句、祈使句、意愿句中的语用分布,与动词重叠的未然性特征是和谐一致的。而且,"好好"的无界大量特征用来增强语势量,这是语义大量映现到语用层面的很好例证。

4.6 小 结

综上所述,我们不把形容词重叠形式与形容词的基式进行比较,是出于这样的考虑:形容词重叠作为对程度量表达的一种手段,理应与一般形容词短语加以对比。从这一角度进行的比较也使我们看到,形容词重叠与一般形容词短语的根本对立在于[非比较性]和[比较性]的对立,而这一对立现象产生的更深层次的原因,可能就是基于比较的有界认知方式与基于非比较的无界认知方式的对立。因此,我们认为,形容词重叠表示无界大量的意义,这在状位化的主导地位、"慢慢"与"好好"的特殊表达情形诸方面,都有程度不同的体现。由此看出,形容词重叠是"有界"的观点是值得怀疑的。

第五节 量词重叠的无界逐量特征

5.1 量词重叠的语法意义研究概述

长期以来,汉语语言学界对量词重叠的语法意义的认识,基本上可以归纳为三种意见。

第一种是周遍意义观。主要以下列学者的观点为代表。王力(1985)认为,名词重叠表示"每一"或"一切"的意思。朱德熙(1982)指出,重叠式量词包含"每"的意思。石毓智(1996)指出,"个"只是一个单纯的量词,而"个个"则是对某一特定范围内全体成员的遍指。我们承认,周遍义的确是汉语量词重叠的一个重要语法意义。

第二种是逐量意义观。持逐量意义观的人相对多一些,代表性的观点有:宋玉柱(1981a)对"一AA""一A一A"系列的语法功能及其语法意义逐个进行了考察,强调整个"一A一A"这一系列语法格式都含有"分开来看"的意思。李英哲等(1990)提出,量词的重叠式包含"个别"的意思。王继同(1991)认为,"一A一A"表示超过一次的若干次动作行为,是复指。笼统地说表示"逐一"的意思。徐颂列(1998)把量词重叠和名/量词组重叠列为表示逐指的方式,认为"逐指"是从个体的角度进行的总括。我们也承认,逐指的确也是汉语量词重叠的一个重要语法意义。

第三种是多重量意义观。面对汉语量词重叠内部意义的不同一现象,有学者提出了量词重叠表示多重量意义的观点。宋玉柱(1981b)指出,量词重叠的语法意义随着句法功能而改变,并没有统一的语法意义。它们或表示周遍义;或表示"多"的意义;或表示"逐一"的意义;或表示"连绵"的意义。李宇明(1998b)谈到了所谓的顺序义、量的分离与逐一、对事物的一量一量的逐一处置、表一量一量之间的有序性是对事物发展或动作过程的刻划等等,并认为"一量量"复叠式是数量词语复叠式的基础。总之,该文承认量词复叠式具有多重语法意义。郭继懋(1999)认为,量词重叠总的语法意义有周遍性、"多""连续(逐一、连绵)"的意义变体。郑远汉(2003)认为,"个个",实际上是个1个2……个n,可以表示偏于个1到个n中的任何一个(即分指或逐指),也可以偏于表示1个到n个的全部(即统指),还可以表示个1个2个3……许多"个",即形容多。我们还承认,量词重叠内部具有多重语法意义的变体,这的确也是汉语的语法事实。

面对量词重叠纷繁复杂的意义,我们要能够在其中找到最为基础、最为核心的意义。在周遍意义观、逐量意义观和多重量意义观当中,我们更倾向于认同逐量意义观。因为我们相信,汉语量词重叠的核心当是表示逐量的意义。所谓周遍意义、"多"的意义、"连绵"的意义等等,都是在"逐量"意义的基础上发生语义偏离而来的。

5.2 以时间一维性为基础的逐量意义的形成

通过对实际语料的观察,我们清晰地看到,时间一维性在汉语量词重叠形式的背后占有底层的、基础的语义地位。这是我们看待量词重叠表示逐量意义的认知基础。

5.2.1 时间特征量词在使用上的主导地位

首先,我们从语言使用的实际语料的观察来看。在我们收集到的251词次的量词重叠中,共出现了这样4组共46个量词(词后的数字为该词的重叠形式的词次):

A. 时间量词:天104、年10、阵5、月4、代3、祖辈3、世代2、辈1、时1、时刻1。显然,这些词本身就表达时间概念,其时间性是不言而喻的。

B. 时间性量词:次2、批2、顿1、回1。这些词本身虽然不直接表达时间概念,但是它们都以时间性为基础,包含着很强的时间性特征。

C. 时空性量词:层7、步3、节2、班1、道1、级1。这些词本身虽然不直接表达时间概念,但是在所修饰对象的呈现上,与时间的顺序延展有着一致的关系,因而在具体的语境中,也就会体现出一定的时间顺序来。

D. 空间量词:个19、点14、家12、人10、处5、种4、户3、块3、条3、样3、行2、一2、山水2、条框2、包1、寸1、方面1、杠1、科1、口1、框1、摞1、套1、碗1、巷子1、张1。显然,这些词本身是完全不表达时间概念的。

上述统计表明,在出现的46个量词中,具有时间性或包含有时间特征的量词(A、B、C组)虽然只有20个,但它们使用的词次却达到了155次,尤其是"天"一个词就使用104次,占全部用例的五分之二。这从一个侧面反映出时间性与量词重叠之间的密切联系。同时,没有时间性的空间量词(D组),虽有26个,但它们的使用词次却只有96词次,占三分之一多一点。让我们来看一些具体的例子:

(52) 过去一下雨就漏就得<u>年年儿</u>得抹,使那泥呀来抹,抹这房子。

(53) 哦,然后呢,哦,你这三次大便呢都一,嗯,<u>一次一次</u>给你检查。

(54) 如果横向买有什么缺点呢就是,他,他卖给我了,我再加价我再卖出去,别人再加价,<u>一道一道</u>的。

(55) 把这个各家各户儿呢,就是邻里和睦。<u>家家儿</u>呢团结。

上述例句中的"年年"作为时间量词的重叠形式,"一次一次"作为具有时间特征的量词重叠形式,所表现的只能是"逐量"的意义;而"一道一道"的"道"本身并没有时间性特征,但是"一道一道"所修饰的对象却具有先后顺序关系,因而"一道一道"在这里也就附带具有了"逐量"的性质;最后"家家"作为完全的空间量词,更多地具有遍指的意义,这对"逐量"来说就是一种偏离。

我们认为,具有时间性特征的量词占有量词重叠的主导地位,是其逐量表达意义形成的认知基础。

5.2.2 时间一维性对量词重叠逐量意义产生的深刻影响

我们认为,量词重叠的根本特征在于逐量表达,而制约这种逐量表达的决定性因素是时间的一维性。因为,具有一维性的时间量的表达只可能通过逐一计量的方式来进行,而不能像三维的空间那样通过量的叠加来进行。从历时的角度看,时间名词较其他小类的名词而言,在汉语语法发展史上是较早形成重叠的句法现象。卢卓群(2001)对此作了较为细致的论述。他把时间量词的重叠看作是时序逐指,并且认为,像"日日""朝朝""年年""岁岁""时时""世世""旦旦""夜夜""时时"等时间量词的重叠形式,在唐宋以前,就基本成熟了。例如:

(56) <u>日日</u>衣宽,<u>朝朝</u>带缓。(游仙窟)

(57) <u>世世</u>子孙,无相害也。(左转·僖公二十六年)

(58) <u>岁岁年年</u>人不同。(刘庭芝《代悲白头翁》)

时间量词在句法重叠上更早于其他名词,这一事实背后的动因恐怕也是时间的一维性在起制约作用。词汇层面的时间一维性特征与句法重叠的逐量意义,相互需求,相互适应,相互促动,便自然形成了汉语量词重叠的语法形式和语法意义。

从共时的平面看,量词重叠共有"AA""一AA"和"一A一A"三种形式。我们发现,当A为时间量词时,三种形式统一地表现为逐量意义。

(59) 嗯,再有没什么学习,我<u>天天儿</u>看看报纸,每天那个晚报,我订的晚报。每天我看看晚报,嗯,看看《参考消息》。

(60) 嗯,反正后来呢,哎,慢慢儿的呢,这,生活<u>一天天</u>好起来了,也都那什么了。这又慢慢儿又,又把那个又都弄好了,都弄起来了。

(61) 解放以后,我刚才讲了这个生活<u>一天一天</u>地好。

很明显,"天"作为典型的时间量词,无论是"天天""一天天"还是"一天一天",其意义都表现为"逐量"的意义,这终究是时间的一维性的本质特征所起的决定作用。

我们再来看空间量词的情况。当 A 为空间量词时,从"一 A 一 A"到"一 AA"再到"AA","逐量"的意义在逐渐发生偏离,从而转向表示遍指、"多"的意义。

(62) 我记得那次我们划船吧,是,老师,那不是船上有那铁链儿吗?<u>一个一个</u>都拴起来,一大溜儿。

(63) 你小倒儿欺行霸市,<u>一个个</u>跟流氓似的。

(64) 啊,你就说这上学呢,这个长得也都大了,<u>个个儿</u>一点儿一点儿的哎就能够啊,哎头就找工作。

显然,"一个一个"和"一个个"的意义由于有"一"的控制而没有超出"逐量"的范围,而"个个"就明显地偏离为"遍指"的意义了。这是因为,"个个"既没有时间一维性的控制,也没有"一"的控制。这种语法形式和语法意义之间的互动是经常发生的。

5.2.3 "一"对量词重叠的不可或缺

我们同时也看到,在量词重叠的各种形式中,无论数词"一"出现与否,"一"都是不可替代的。"一"的必然存在,根本上是受到量词重叠"逐量"意义要求制约的。对于数词来讲,一般只有"一"可以重叠,表现"逐量"的意义。我们在语料中,实际只发现了两例数词重叠的例子:

(65) 就这么,反正<u>一一</u>地给叙述一遍,然后就请坐。

(66) 这个,你比如孩子什么都没见着过,什么新媳妇儿没见着过,也是,<u>一一</u>地给介绍介绍。

即使在像"三个三个"这样的数量词组重叠当中,也蕴含着"一次三个一次三个"这样的"逐量"意义,这是非常有趣的现象。

5.2.4 基于"次第扫描"认知方式的无界逐量特征

我们清楚地看到,汉语量词重叠的背后,有深层次的时间一维性在起着制约的作用。同时,我们也清晰地看到,量词重叠从形式到意义,都表现出"逐量"的优势地位。因此,我们相信,量词重叠的核心意义是表达"逐量"。

在我们对无界量的三种基本形态的阐述中,我们看到,所谓无界逐量的表达是基于"次第扫描"认知方式,这显然也是基于时间一维性的推移而形成的。由此我们得到这样的理解,汉语量词重叠受时间一维性特征的制约而产生逐量的意义。这种"逐量"意义的表达,与"次第扫描"的认知方式而得到的"量"是完全一致的。因此,我们认为,汉语量词重叠所得到的量,也完全应当归入无界量的范畴。我们把它叫做"无界逐量"。

5.3 量词重叠的状位化与逐个核查特征

量词重叠在句子中,大多处于状语和主语的位置,少数处于谓语的位置,极个别处于定语的位置。这样的句法功能分布,也是深受其"逐量"特征制约的。

5.3.1 量词重叠的状位化

我们认为,逐量意义产生于人们受时间的一维性的制约而对外部世界进行次第扫描的认知方式。这种认知方式映现到句法层面,最自然的句法位置可能就是充当状语。从这个角度来理解,量词重叠的状位化倾向明显也是非常自然的事情。

(67) 哎,哎,没有我们做买卖,要没事啦,再拉洋车去,跟人家做小工活儿,就这么,就<u>一辈儿辈儿</u>地下去了。

(68) 工资不多三十七块钱,她<u>回儿回儿</u>拿奖呢,是八十。

(69) 这样儿圈在这个车间里面,是啊,织布,<u>一寸一寸</u>地这么织布啊,觉得受不了。

"一辈儿辈儿地下去""回儿回儿拿奖""一寸一寸地这么织布"都是用逐量的眼光来看待动作行为的句法表现,因此,它们形成状中结构是非常自然的。

5.3.2 量词重叠的逐个核查特征

杨凯荣(2003)认为,"量词重叠+(都)+VP"句式的主要功能是对遍指对象(人或事物)的某种情态予以描写或评价。因为采用量词重叠形式本身就是为了对每个成员进行逐一扫描,而只有状态是可以从它的外部特征予以观察并核实的。该文指出,用量词重叠形式是对集合里的成员进行逐个扫描。这种逐个扫描的过程,其实也就是把每个成员与 VP 所表示的状态逐一进行核查的过程。这一论述从另一个侧面支持了我们关于量词重叠表示无界逐量意义的观点。在这里,句法重叠的意义与句式意义之间,如此和谐地相辅相成着。

(70) 我我呢,就是呢,小时候儿呢,就是,哎,<u>个个儿</u>啊,父母哇,父亲哪,那会儿拉洋车。

这个句子表达了说话者通过逐个地核查特征而得到"个个父母拉洋车"的结论。这其中次第扫描的认知方式所发挥的作用是显而易见的。

5.4 小　结

通过以上简要的分析我们不难看到,以时间一维性为基础的量词重叠形式,其核心而底层的语法意义是表达"逐量"特征。这种逐量特征,在量词重叠的词汇语义和句法位置的不同层面都有明显的表现。时间量词和时间特征量词的逐量特征无须用"一"来控制,而空间量词的逐量性特征就需要有"一"来进行句法控制,否则就可能发生语义的偏离。而当重叠量词的空间性对时间性逐步消解并且失去"一"的控制时,量词重叠的意义也就从逐量的意义逐渐转移为周遍意义、连绵意义、多量意义等等。从这个角度讲,量词重叠的核心语法意义是逐量特征,其他的周遍意义、连绵意义、多量意义,都是在逐量意义的基础上演变而来的。因此,量词重叠所表现出的逐量意义,无疑是其次第扫描的认知方式在句法层面的映现,因而它的量就是一种无界逐量。

第六节　小　结

我们在文中大量引征了前人的相关研究成果并加以广泛的吸收,同时我们立足于大量实际口语语料的观察,从对"有界/无界"相互对立的基本理解出发,提出了无界量的三种基本形态,即无界小量、无界大量和无界逐量。通过对汉语动词重叠、形容词重叠和量词重叠的语言事实分析,我们看到,汉语三种句法重叠与无界量的三种基本形态之间具有明确的对应关系:动词重叠基于惯常性而表现无界小量,形容词重叠基于非比较性而表现无界大量,量词重叠基于时间的一维性而表现无界逐量。由此我们便得到了汉语三种句法重叠形式统一的语法意义——表现无界的量。汉语句法重叠背后共通的认知基础应当是无界化的认知方式。这一基本观点,对于我们深化"有界/无界"的理论认识,加深对汉语句法重叠的内在本质特征的认识,或许是有一些帮助的。

第5章

汉语介词衍生的语义降级机制

第一节 基本问题与非终结动词

1.1 介词衍生研究的三个基本问题

我们把现代汉语中常用的、单音节的、典型的介词看作是基本介词。这些介词有"在、到、跟、从、比、与、同、和、把、用、离、据、向、对、朝、往、由、凭、依、靠、当、为、至、替、将、按、照、被、叫、让、给"等。对介词衍生问题的研究,是汉语历史语法的一个重要课题。它不仅关系到我们对汉语一些特殊的句法现象(如:处置式、被动式)的把握(祝敏彻,1957),而且也关系到我们对汉语基本语序类型的认识(李讷和 Thompson,1974;张日升,1976;黄宣范,1978;黎天睦,1979);还关系到我们对汉语语法化机制的理解(戴浩一,1973;解惠全,1987;石毓智,1995)。(以上有关李讷和 Thompson,张日升,黄宣范,黎天睦,戴浩一的观点均转引自屈承熹,1993)

我们认为,汉语介词衍生问题的研究实际上包含着宏观、中观和微观三个相互关联的方面:

宏观的问题是,为什么是动词而不是其他词(比如名词、形容词)演化成为了介词?它所要回答的问题是,汉语的动词和介词之间为什么会有如此多的联系?这个问题似乎已经为语言事实所证明。学术界基本认同这样的观点:绝大多数汉语介词("于")都是从动词演化来的,而且介词的衍生与汉语的连动结构密切相关(刘坚等,1995;傅雨贤等,1997)。这方面的研究,当数石毓智(1995)《时间的一维性对介词衍生的影响》论述最为深刻。该文从语言系统外部——时间的一维性特征来探讨形成介词和动词之间独特关系背后的客观机制,并预测介词和动词的未来发展关系。这对于我们理解汉语介词的衍生机制有着非常深刻的启发。

中观的问题是,为什么是这一些动词而不是那一些动词演化成为了介词?显然,并非所有的动词都能演变成为介词,能够演变成为介词的只是动词中的一小部分。这一小部分动词内部各个个体之间必定存在句法语义上的某种联系。这个问题,前辈学者已经意识到了,但尚未有明确的针对性的研究。马贝加(1993)指出:"在词汇发展过程中,存在着一种词义渗透现象,即两词义近,甲义变化引起乙义同步变化。"钟兆华(1996)在论述汉语"介宾·动宾"句式中介词的历史递换现象时,谈到许多近义动词的介词化现象。郭锡良(1997)深刻地指出,"研究古汉语虚词,首先,必须有历史发展观点,要考察每个虚词的来源和历史发展。其次,要特别重视语言的系统性,把每个虚词都摆在一定时期的语言系统中去考察,一个虚词的各个语法意义、语法功能之间都是有联系的,自身形成一个系统,不要孤立地看问题……"我们认为,探讨这些衍生为介词的动词的系统性特征,对于理解汉语介词的衍生机制至关重要。

微观的问题是,为什么是这一个动词而不是那一个动词演化成为了介词?在古代汉语中,能够演化成为介词的那些动词,实际上都处于一个同义聚合的词群当中。在这个词群中并非所有的成员都演化成为了介词,而只是其中的某些成员最终演化成为了介词。在汉语介词衍生的研究中,大量的成果属于这一层面(马贝加,1992a、b、c,1993,2000;刘坚,1989;郭锡良,1997)。

在我们看来,中观的问题是汉语介词衍生研究的核心所在。本文的兴趣是要阐述汉语中这一些动词之所以衍生为介词的可能性。我们特别重视前人对介词衍生问题的两点认识:一是衍生为介词的动词必定在句法语义上具有某种系统性的特征,二是连动结构是介词赖以产生的主要句法环境。这两点对于我们从更深层次上理解和把握汉语介词的衍生机制具有重要的意义。

1.2 汉语中的非终结动词

我们认为,词汇的语义特征和语义结构是汉语句法结构发生演变的重要基础。Jacobs(1975)承认,任何一种语法理论都不足以解释语法变化,他倾向于采用一种"结构松散的、以词汇为主的框架"(转引自屈承熹,1993)。R. Lakoff 也指出,语法上一些似乎剧烈的变化,若视作词汇非特征规则的变化,可以简单而直接的方式加以阐述(转引自屈承熹,1993)。我们倾向于从动词的语义特征和语义结构来探讨汉语介词衍生的语义机制。

我们看到,汉语中存在着一定数量的非终结动词。所谓非终结动词就是词汇意义不完整而又具有一定句法作用的动词,更直接地说,就是那些不能简单地置入"主—谓—宾"框架的动词。它们往往要求后续或追加一个动词短语以使句子的句法和语义结构得以完整。先比较下面 A、B 两组句子:

    A   B

? 我要求你。   我要求你写封信给他。

? 毛主席率领我们。 毛主席率领我们前进。

? 大家开始。   大家开始工作。

上述 A 组句子之所以难以自然完句,是因为其中的动词"要求""率领""开始"之类是非终结动词,必须在它们的后面追加动词短语,成为 B 组句子才更符合人们的语感。

我们所说的非终结动词,与袁杰、夏允贻(1984)提出的"虚义动词",与《现代语言学词典》中的"链接动词""附着形式"或"附接语"都有着密切的联系。这种动词在英语、德语、法语、俄语、日语中也同样存在(袁杰、夏允贻,1984)。

由于本文的主旨不是专门研究非终结动词,因此,这里不对汉语非终结动词作系统的描写和分析。有关非终结动词的分类和例词请参看附录。

我们认为,汉语介词衍生的基础,一是这些介词在作为动词时的词汇特征——它们在语义上是不完整的,不能表示一个事件的活动有一个完整的语义结构;二是由这种特征所要求的另一个动词短语与之配合——形成连动结构或兼语结构的句法环境(刘坚等,1995),从而造成句法上多个动词短语共存的复杂局面。这两点互为因果,相互依赖,是促使汉语部分动词向介词演化的重要动因。可以说,非终结动词是典型动词向典型介词过渡的重要桥梁。

汉语基本介词在产生之初都是动词,后来才逐渐演变为介词,这是不争的事实。我们认为,这些动词之所以会演变为介词,绝不都是由某种偶然的因素造成的,这些动词所关涉的语义范畴的非终结性,是问题的关键所在。

我们的基本思路是：先考察这些动词在古代汉语中的基本意义[①]，然后对它们进行语义概括，对所得的几个语义范畴再用现代汉语的材料来证明关涉这些语义范畴的动词所具有的非终结性特征。

第二节 空间动词的非终结性特征

2.1 动词的本义

这一组动词有"在、到、至、往"和"向、朝、对、当"两个小类。我们先来看一下《辞海》对"在、到、至、往"的释义：

在：① 生存；存在。《史记·魏其武安侯列传》："太后怒，不食，曰：'今我在也，而人皆藉吾弟，令我百岁后，皆鱼肉之矣。'"

到：① 抵达；达到。② 往。

至：① 到；来。《史记·陈涉世家》："陈王至陈。"

往：① 去。《史记·滑稽列传》："至其时，西门豹往会之河上。"

不难看出，这4个动词所关涉的基本上是处所范畴。再看"向、朝、对、当"4个词的释义：

向：① 方向；趋向。柳宗元《送从兄称罢选归江淮诗序》："进不知向，退不知守。"② 朝着；对着。项斯《宿胡氏溪亭》诗："床势向山移。"引申为偏爱。

朝：② 拜访。《史记·司马相如列传》："临邛令缪为恭敬，日往朝相如。"③ 聚会。《礼记·王制》："耆老皆朝于庠。"

对：① 朝着；向着。韦应物《休暇日访王侍御不遇》诗："门对寒流雪满山"。② 回答。《诗·大雅·桑柔》："听言则对。"③ 敌对；敌人；竞争的双方。⑧ 互相。如：对调；对打。⑨ 比照。如：查对；核对；校对。

当：① 对着；向着。宋子侯《董娇娆》乐府："花花自相对，叶叶自相当。"古乐府《木兰诗》："当窗理云鬓，对镜贴花黄。"② 对等；相称。欧阳修《读蟠桃诗寄子美》诗："韩孟于文词，两雄力相当。"

[①] 对衍生为基本介词的动词的释义，主要参考《辞海·语词分册(上、下)》(上海辞书出版社1977年11月版)。需要说明的是，我们这里只列与介词衍生有关的义项，义项的序号是《辞海》中原有的序号。

这4个动词,虽然基本意义比较复杂、多样,但基本上都与方向意义有关。

由此可以看出,这8个动词,关涉处所也好,关涉方向也罢,都可以进一步概括为关涉空间意义。这一点是很明确的。

2.2 非终结性分析

从上文对这一组动词基本意义的考察,我们清楚地看到,这些动词所关涉的语义都集中在空间范畴(处所或方向)上。郭锡良(1997)认为,"于"字用作介词,是由"去到"义动词虚化而成的。我们知道,"于"在古汉语中可以说是最早、最纯粹的一个介词,它也从空间范畴的"去到"义动词演化而来,绝不是偶然的。我们知道,空间(包括时间)是我们人类展开一切动作行为的最基本的前提,空间范畴也就自然成为我们语言表达的最基本的甚至是无标记的背景信息。对于一个完整的语句来说,空间范畴一般是不作为前景信息出现的(除非用标记形式把它焦点化)。从这个意义上讲,这一组动词的语义不具有终结性当是易理解的。

首先,在现代汉语中,"去、来、前去、前往、前来"等关涉空间范畴的动词往往是非终结的,它们需要后续或追加一个动词短语才能完句。例如:

?有关领导前去医院→有关领导前去医院探望。

?新闻记者前来学校→新闻记者前来学校采访。

其次,在我们所统计的166个连动句①中,其中第一动词短语为空间范畴的达69句之多,占全部例句的42%。其中最典型的结构形式是"去/来+动词短语""回/进/上+动词短语"和"动趋结构+动词短语"。这种现象足以说明,空间范畴在连动句中作非终结性成分是很普遍的。举例如下:

(1) 总理又要他去当商业部副部长。

(2) 社员们按乡俗来助工。

(3) 喻老首长回乡修电站。

(4) 喻家二媳妇嘀嘀咕咕进屋坐下。

(5) 他神色黯然地猫在火塘边烤火。

---

① 我们按照《现代语言学词典》中对连动式(serial verb)的定义,从长篇报告文学《魂系青山》(张步真著,解放军文艺出版社,1990年版)的第1至80页(约6万字)中,共摘得166个连动句,作为我们分析汉语连动结构的基本材料。

这些连动句中的第一动词短语,无论是趋向动词还是动趋结构,无论是处所宾语出现还是省略,它们所表达的空间范畴都是作为背景信息出现的,因而都是非终结的,语句需要由后续动词短语来终结。尽管古代汉语动词"在、到、至、往"和"向、朝、对、当"与现代汉语趋向动词或动趋结构有着这样那样的区别,但它们都与空间范畴密切相关,具有非终结性,并往往作为背景信息出现,这样的语义机制,当是一脉相承的。

第三节 操作动词的非终结性特征

3.1 动词的本义

这一组动词有"按、把、将、照、给"5个。先来看《辞海》的释义:

按:① 抑制。《管子·霸言》:"按强助弱。"② 按捺;用手抚着。雍陶《少年行》:"对人新按越姬筝。"④ 审察;研求。《汉书·贾宜传》:"按之当今之务,日夜念此至孰也。"

把:① 执;持。《国策·秦策四》:"无把铫推耨之势,而有积粟之实。"② 掌握。如:把舵;把犁。⑥ 犹言拿。对付的意思。

将:① 扶助。《诗·周南·樛木》:"福履将之。"② 送。《诗·召南·鹊巢》:"百两将之。"④ 带领。《后汉书·蔡邕传》:"遂携将家属,逃入深山。"⑤ 奉;秉承。⑫ 取。石子章《竹坞听琴》楔子:"都管,将文房四宝过来。"⑬ 拿;用。如:将功折罪。

照:② 对着镜子或其他反光物看自己的影子。《晋书·王衍传》:"在车中揽镜自照。"引申以指人物的图像。⑥ 察看。如:查照;对照。

给(jǐ):① 供给;给养。《汉书·朱买臣传》:"不治产业,常艾薪樵卖以给食。"

这一组动词比较明显的特征是,它们都与人体尤其是人的手部动作相关,都指人体或手所发出的行为动作,我们把它们定义为操作动词。

3.2 非终结性分析

一个十分有趣的现象是,人体(手部)的动作往往是作为工具或手段的意义而被提及的。例如:

(6) 中黄门各拔刃将忠等送庐,忠拔剑欲自刎。(《汉书·王莽传》)

(7) 降者更相语曰:"萧王推赤心置人腹中,安得不投死乎。"(《后汉书·光武帝纪》)

我们认为,人类作为这个世界最高级的行为主体,总是处于探索世界、创造世界的过程当中。其所发出的行为动作,尤其是最主要的行为工具——"手"所发出的各种动作,本身一般都是非终结性的,它们总是以各种不同层次的目的为出发点的。周国光(1998)对儿童语言获得中操作动词的认知顺序也作过相似的解释。下面,我们从汉语成语和连动句两个方面来说明。

先看汉语成语①的情况。在汉语成语中,当成语为"动宾1+动(宾)2"结构时,其语义关系有以下3种:

第一种:"动宾1"作为操作动词短语往往是手段,而"动宾2"则是目的。显然,手段相对于目的而言,往往是不终结的。例如:

拔苗助长　抱薪救火　负荆请罪　含沙射影　结党营私
借刀杀人　开门揖盗　刻舟求剑　骑驴觅驴　杀鸡取卵
守株待兔　投笔从戎　抛砖引玉　削足适履　掩耳盗铃
摇尾乞怜　扬汤止沸　移花接木　缘木求鱼　砸锅卖铁
投石问路　扪心自问　竭泽而渔　翘足而待

第二种:"动宾1"作为操作动词往往是后续动作执行所依赖的一种方式、条件、原因或所伴随的状态,而"动宾2"则是核心的动作行为所在。显然,"动宾1"是不具有终结性的。例如:

现身说法　投鼠忌器　见财起意　拍板成交　望梅止渴
闻鸡起舞　握手言欢　下笔成章　相机行事　仗势欺人
捉襟见肘　运斤成风　卸磨杀驴　饮水思源　望风而逃
乘虚而入　拂袖而去　揭竿而起　扪虱而谈　怒目而视
挺身而出　迎刃而解　择善而从　应运而生

第三种:"动宾1"和"动宾2"具有平等的语义关系,两者是同义反复的动宾并合关系。这种现象能否这样理解:汉语中,一个单独的"动宾"结构,本身一般

---

① 汉语成语的资料主要考察的是《汉语成语小词典》(台海出版社,1998年8月版)中的有关条目。

是非终结性的,于是人们便把两个非终结性成分加以并合,使它们相互支撑,以保证语言结构的终结性。例如:

抱残守缺	扶老携幼	负屈衔冤	沽名钓誉	含辛茹苦
呼风唤雨	排山倒海	弃甲曳兵	牵肠挂肚	茹柔吐刚
提纲挈领	添枝加叶	想方设法	消愁解闷	销魂夺魄
销声匿迹	挟山超海	兴风作浪	咬文嚼字	偷天换日
移山倒海	引经据典	越俎代庖	砸嘴弄舌	作奸犯科
为非作歹	文过饰非	额手称庆	摇旗呐喊	营私舞弊

我们认为,上述与操作动词密切相关的成语的3种形态,在一定程度上反映出汉民族对操作动词的非终结性的认知心理。操作动词的这种非终结性特征,在现代汉语连动句中就表现得更为清楚了。"操作动词短语+动词短语(目的)"这一结构形式,在汉语连动句中也是十分常见的。例如:

(8) 于是连忙低头认错:"我改!"

(9) 他揪自己的头发捶自己的胸:"我真窝囊啊!"

(10) 队长扳起指头算了七八对。

(11) 他埋头看报,只扬扬手,意思是请勿打扰。

(12) 村民组长和许多人闻讯赶来,喻杰用拐杖指着村民组长发火……

第四节 依凭动词的非终结性特征

4.1 动词的本义

这一组动词有"据、凭、依、靠、用"。我们先看一下《辞海》的释义:

据:① 凭依;依靠。《诗·邶风·柏舟》:"亦有兄弟,不可以据。" ② 占据;盘据。《史记·廉颇蔺相如列传》:"先据北山者胜。"

凭:① 靠着。如:凭栏远眺。引申为依据,依靠。《南史·梁武帝纪上》:"凭险作守,兵食兼备。"

依:① 依靠。《楚辞·七谏·怨世》:"余生终无所依。" ② 傍着。王之涣《登鹳雀楼》诗:"白日依山尽。"

靠:① 倚着;挨着。林逋《和陈湜赠希社师》诗:"瘦靠阑干搭梵襟。"引申为依靠、倚仗。如:扳船全靠老梢公。

用:① 使用;任用。《易·乾》:"潜龙勿用。"④ 需要。古乐府《白头吟》:"男儿重意气,何用钱刀为?"

我们可以看到,这一组动词基本上都集中在依凭意义上。依凭意义是一个意义范围比较宽泛的范畴,它可以容纳一般所说的工具、方式、条件甚至伴随状态等范畴。它们与操作动词有着密切的联系。

4.2 非终结性分析

要说明"据、凭、依、靠、用"这组动词的非终结性,证据是多方面的。

首先,现代汉语中的依凭义动词为数不少(参看附录),例如:趁机、抽空、赶巧、奉命、卖身、冒名、硬着、借故、凭借、舍身、依从、依据、根据、酌情、采取、遵循、按期、破格、由得……

在现代汉语中,这些依凭义动词的最大特征是,它们在句法和语义上都不能简单地置入"主—谓—宾"的框架,而必须后续或追加动词短语或动名词短语,形成连动结构(比如:乘机逃跑、抽空回家)才能使句子语义完足。

其次,以依凭义词语构成的成语也常常形成"动宾1+动宾2"的连动结构。例如:

趁火打劫　乘风破浪　将功补过　顺藤摸瓜　随波逐流
以一当十　因陋就简　因地制宜　因循守旧　由表及里
照本宣科　照猫画虎　照葫芦画瓢　以眼还眼,以牙还牙
以子之矛,攻子之盾

再次,在现代汉语的言语作品中,依凭义动词短语也常常作为第一动词短语出现在连动句中。例如:

(13) 有两名警卫干部,持一封正式介绍信,来到商业部办公室。

(14) 有一次,他们采取张开口袋捉老鼠的办法,吃掉了整整一营白狗子。

(15) 在西安办事处,喻杰凭着公开的身份,常常要去国民党的军政机关办事情。

(16) 李崇俭哭笑不得,只好硬着头皮按喻杰提示的台词,回复了江青派来的人。

(17) 他于是拿出一笔钱,采备木材。

可以看到,这些连动句中第一个动词短语表示的是后面的动词短语所依凭的某种工具、方式、条件或伴随状态。显然,这些动词在句法和语义上也是非终结的。

第五节 关系动词的非终结性特征

5.1 动词的本义

这一组动词有"从、跟、由、替、为"和"和、同、与、比、离"两类。我们先来看《辞海》对"从、跟、由、替、为"的释义:

从:① 跟随。《史记·晋世家》:"狐突之子毛及偃从重耳在秦。"② 听从、服从。《史记·廉颇蔺相如列传》:"臣从其计。"③ 追随;追逐。《诗·秦风·蒹葭》:"溯洄从之,道阻且长;溯游从之,宛在水中央。"

跟:② 随从在后面。

由:② 经历;经过。④ 听从;随顺。如:事不由己。

替:① 废弃。《离骚》:"謇朝谇而夕替。"④ 更;代。古乐府《木兰诗》:"愿为市鞍马,从此替爷征。"

为(wèi):② 助;替。《淮南子·主术训》:"是犹代庖宰剥牲,而为大匠斫也。"《资治通鉴·汉献帝建安十三》:"瑜请得精兵数万人进住夏口,保为将军破之。"

根据《辞海》的释义,我们把这5个词的基本意义概括为关涉两个行为主体之间的关系范畴:"跟从"也好,"替代"也好,其实都是一种主从关系。

我们再来看《辞海》对下面5个词的释义:

和(huò):混和,拌。

(huó):在粉状物中加水搅拌揉弄,使有黏性。如:和面。

(hè):唱和;和答。如:一唱百和;随声附和。

同:① 相同;一样。如:不约而同。② 共同;一起:同甘共苦。③ 跟;和。④ 齐;聚。《诗·小雅·车攻》:"我车既攻,我车既同。"

与:① 同盟者;党与。《荀子·王霸》:"约结已定,虽睹利败,不欺其与。"② 亲附。《国语·齐语》:"桓公知天下诸侯多与己也。"

比:① 比较;较量。《周礼·天官·内宰》:"比其小大,与其粗良,而赏罚之。"引申为考校。② 比拟。《史记·天官书》:"太白白比狼,赤比心。"张守节正义:"比,类也。"

离:① 分开;分别。《荀子·赋篇》:"日夜合离,以成文章。"

这后5个动词,基本上概括的是两个相互关联的对象之间的一种平等或对待关系。

综合这10个动词的释义,我们认为,这组动词所关涉的基本上是一种关系范畴——主从关系、替代关系、平等或对待关系,它们对于动作行为来说,一般都是非终结的。

5.2 非终结性分析

如前所述,这组动词所关涉的是与动作行为相关的两个主体之间或主从或替代或平等或对待的关系。在现代汉语中,体现这种关系的动词也往往表现出非终结性的特征。

首先,这种关涉关系的动词(参看附录)基本上可以分为3类。一类是领从动词(比如:带领、听从);二类是替代动词(比如:帮助、代替),三类是对待动词(比如:对比、对照)。这3类动词,在入句时显然也不能简单地置入"主—谓—宾"的框架,而是必须后续或追加动词短语或小句,形成连动结构或复合结构。比如:

?家长配合学校→家长配合学校教育孩子。

?班长协助老师→班长协助老师做好工作。

?小张顶替小王→小张顶替小王去上海。

?领导针对这一事件→领导针对这一事件作了批示。

其次,在现代汉语言语作品中,表示关系的动词短语也往往是出现在连动句第一动词短语的位置上。其中尤以"带(着)+名词+动词短语"为典型句式。例如:

(18) 喻杰带着检查组去工地。

(19) 按规定,他还可以带一个孙女去北京照顾他的生活。

(20) 在一片鞭炮和鼓乐声中,由喻杰率领子孙扶灵,护送老夫人去青山翠竹之中,永久地安息!

(21) 满姑娘,你帮我去看看。

(22) 我要代表他们向你们脱帽致敬!

第六节 遭受、使令动词的非终结性特征

6.1 动词的本义

这一组动词有"被"和"叫、让、给、为"这5个。它们的非终结性可以分两组来讨论。我们先来看《辞海》对"被"的释义：

被：③ 覆盖。④ 背负。⑤ 穿着。⑥ 加；及。《书·禹贡》："西被于流沙。" ⑦ 遭；受。《史记·项羽本记》："项王身亦被十余创。"引申为表被动之词，犹言"为"。

按照王力(1957)的说法，"被"的含义源自其动词意义之———"遭遇"或"遭受"(转引自屈承熹，1993)。此说当是可信的。

我们再来看《辞海》对"叫、让、给、为"的释义：

叫：③ 呼唤；招呼。⑤ 使；令。

让：① 责备。《左传·僖公五年》："公使让之。" ③ 容许；叫。

给(gěi)：③ 让；使。④ 被。

为(wéi)：① 做；干。② 制；造。《易·系辞下》："作结绳而为罔(网)罟，以佃以渔。"③ 治理。《国语·周语上》："是故为川者决之使导。"⑧ 使。《左传·昭公二十年》："今君疾病，为诸侯忧。"

很明显，这几个动词都具有"使令"的意义，它们都衍生为表示被动的介词。

6.2 非终结性分析

从现代汉语来看，"遭受"义动词也好，"使令"义动词也罢，它们都具有非终结性的特征。

先看"遭受"义动词的非终结性。现代汉语里的"遭受"义动词主要有：挨、蒙受、遭到、遭遇、遭受、受到、经受、受、接受、落(埋怨)……。它们均要求后续或追加动词短语或动名词短语以使句子语义完整。例如：

? 小王挨老师→小王挨(老师)骂。→小王挨(老师的)骂。

? 我落大家→我落(大家)埋怨。→我落(大家的)埋怨。

? 队伍遭受敌机→队伍遭受(敌机)袭击。→队伍遭受(敌机的)袭击。

? 他们受到领导→他们受到(领导)表扬。→他们受到(领导的)表扬。

再看"使令"义动词的非终结性。现代汉语中,具有"使令"义动词有许多(参看附录),它们可以分成致使动词(如"害")、阻止动词(如"禁止")、求予动词(如"哀求")等几个小类。尽管"使令"义动词成员很多,但有一点是十分清楚的:它们不能简单地置入"主—谓—宾"的框架,而总是要构成兼语结构才行。例如:

? 他迫使我们→他迫使我们改变计划。
? 领导规劝小王→领导规劝小王改正错误。
? 学校拒绝记者→学校拒绝记者采访。
? 小王邀请朋友→小王邀请朋友聚会。

从上面简单的讨论可以看出,无论是"遭受"义动词还是"使令"义动词,它们的非终结性是十分明确的。值得注意的是,"遭受"义动词也好,"使令"义动词也好,它们几乎总要强制性地形成"$N_1+V_1+N_2+V_2$"的句法框架。而在这个框架中,"N_2"既是"V_1"的受事,同时也是"V_2"的施事。我们认为,"N_2"这种集受施两种语义角色于一身的特性,也许正是促使"V_1"("遭受"或"使令"动词)由主动动词变为被动标记的主要动因。古代汉语的施受同辞现象(孙德宣,1993)也许可以作为这一假设的佐证。

众所周知,现代汉语中,兼语结构与连动结构有着非常密切的联系。这一点,也许会帮助我们理解汉语的"遭受"义动词和"使令"义动词为什么都能与空间意义动词、操作意义动词、依凭意义动词和关系意义动词一起,衍生为汉语的基本介词。下面看几个兼语结构套叠连动结构的例子:

(23)——1931年春夏之交,为了粉碎蒋介石的反革命"围剿",上级命令连党代表喻杰带20多条枪,去湖南桂东县境开展游击战争,扩大根据地并以此来牵制蒋介石的军队。

(24)喻杰……一定要拉他去"长沙饭馆"喝一盅。

(25)毛主席晓得达老子不信邪,就让他去当堵耗子洞的监察组长。

(26)在他参加的第一次支部会上,研究了派人去贫困队办队的事。

(27)部里同志都过意不去,劝他仍旧回去吃饭。

现代汉语中兼语结构与连动结构这种密切的关联,在古代汉语中应当也是存在的。这样,"遭受"义和"使令"义动词,与其他连动结构中的非终结动词一起向汉语介词演化,就有了内在的合理性。

第七节 语义降级机制对介词衍生的影响

综合上述5节的讨论,我们认为:现代汉语的非终结动词只不过是古代汉语非终结动词双音化的结果,因此,现代汉语中从空间意义动词,到操作意义动词,到依凭意义动词,再到关系意义动词和"遭受""使令"意义动词,它们从句法语义来看,都具有明确的非终结性特征。这种非终结性特征,既然在现代汉语系统中存在,那么,在古代汉语系统中也应当是存在的。我们想要阐述的是,汉语中这些动词的非终结性特征,可能是导致它们必然进入连动结构或兼语结构进而逐步衍生为汉语介词的基本动因。

L. R. 帕默尔(1983)说:"对意义变迁做出纯逻辑分类是徒劳无功的,因为两种或更多的不同过程可以得到完全相同的语义结果。发现决定意义变迁的动力和条件才是有兴趣的。"我们认为,非终结动词和连动结构(包括兼语结构)可能是决定介词衍生的动力和条件,是导致汉语动词演化为介词的一种语义机制。下面,我们从3个方面来臆测这种机制运行的大致过程。

7.1 语义完形与连动(兼语)结构

Lightfoot 把人类心理的(类比的)因素看作是引起语言变化的诱因之一(转引自屈承熹,1993)。我们认为,汉语介词衍生的这种机制也同人们的某种心理因素有关。

传统语法把句子(sentence)定义为"一个完整思想的表达"。所谓"完整思想",从心理学的角度来看,就是一个语义完形的表达形式。如果这种理解可以接受的话,那么,非终结动词为什么在语句中要以连动(兼语)结构为基本的句法框架这个问题,就容易理解得多了。

我们知道,人类的语言系统中,存在着大量的语义范畴,比如空间范畴、时间范畴、数量范畴、配比范畴、工具范畴、性质范畴、状态范畴、程度范畴、比较范畴、原因范畴、方式范畴、材料范畴、结果范畴、动作行为范畴、语气范畴、情态范畴,等等。这些范畴所能进入语句的句法位置各不相同,也就是说,不同的语义范畴,在构造句子时的地位和作用也是不同的。

从语义完形的角度看句子,一个句子最终是要回答"是什么""做什么"或"怎么样"这类问题。能回答这类问题的句子,才是一个语义完形,才能终结。从前文的分析来看,上述5组动词所关涉的空间意义、操作意义、依凭意义、关系意义"遭受""使令"意义,在人们的认知结构中,往往属于非终结的意义范畴,即它们一般不能独立而完整地表述"是什么""做什么"和"怎么样"这类终结性的命题。人们在听到由这些动词作谓语的句子时,总有"意犹未尽"之感,总存在着某种心理预期。

  对于这些非终结动词来说,解决问题的出路也许就在于后续或追加动词短语,构成连动结构或兼语结构,以使语句能够有结果语(result)出现,从而满足句子语义完形的要求。这也许就是连动结构(兼语结构)与汉语介词衍生之间有着如此深刻联系的原因。

  首先,汉语连动结构(兼语结构)是汉语介词衍生的重要句法条件,这一点已为汉语历史发展的事实所证明。其次,上述5组动词所表现的语义形态,基本上都能够在现代汉语的连动句(兼语句)的前一动词短语身上找到相应的成分,这绝不是巧合。它说明,古代汉语也好,现代汉语也好,连动结构所能表现的语义格局基本上是一致的。再次,我们看到,现代汉语中"$N_1+V_1+N_2+V_2$"的句法框架,正好是一个包容了从连动结构到兼语结构逐步变化的连续体。这个连续体的关键环节是表示关系意义的非终结动词在"V_1"位置上的出现。比较下面的例句,就能看清这一点:

  (28) 满姑娘,你帮我去看看。(你帮我,你去,但我不去:连动)

  (29) 道士领着你全家跳猴圈……(道士领着你全家,道士和你全家都跳猴圈:"你全家"开始出现受施兼作的倾向)

  从关系动词对"$N_1+V_1+N_2+V_2$"句法框架的语义影响来看,连动结构和兼语结构都能成为汉语介词衍生的基本句法条件,其内在的逻辑联系是很清楚的。

7.2 主从关系原则与语义降级

  非终结动词在语义完形力量的推动下,自然走向连动结构或兼语结构的句法框架。而一个句子中,一旦同时出现两个或两个以上的动词短语,语言系统构造的主从关系原则就要发挥作用,对这些动词短语的语义地位予以分别,并使其中一部分动词短语语义降级。所谓主从关系(subordination)是指连接语言单位的一种过程或结果;使连接单位有不同的句法地位,一个依赖于另一个,一般是

第5章 汉语介词衍生的语义降级机制

依赖于另一个的一个组成部分。（参看《现代语言学词典》词条）

任何一个语言系统，从语义关系来看，都存在大量的语义单位地位不平等的现象：在形式句法理论中，中心词是主，非中心词是从；在传统语法中，句子的主谓宾是主，定状补是从；而在复句，虽然存在并列复句和偏正复句两大类，但是偏正关系是更为重要和更为普遍的一种语义关系；在语篇结构中，前景句是主，背景句是从。凡此种种都说明，区分语义单位的主从地位是语言结构系统在各个层次的构造过程中都要遵循的最基本的原则之一。

我们认为，汉语的连动结构和兼语结构的形成，本质上是非终结动词后续或追加动词短语的结果。随着动词短语的后续或追加，原来的非终结动词的语法地位就必然会发生变化，以此来服从语言构造的主从关系原则。

所谓降级（demotion），指一类改变关系的变化过程，即与某动词有一种特定语法关系的名词短语与该动词的语法关系发生变化，变化后的语法关系在关系层级中处于较低的层次（参看《现代语言学词典》词条）。如果我们对现代汉语的连动结构从语义降级的角度来观察的话，我们可以清楚地看到"V_1"对"V_2"渐次降级的过程：

(30) 黄老汉解释、求情、讲好话。
(31) 丁玲和另一位同志去找吴波。
(32) 他雇来一辆手扶拖拉机装猪。
(33) 名牌商品提价出售，是报告了毛主席的。
(34) 孙武带着他的兵法去求见吴王阖庐。

例(30)中的"解释、求情、讲好话"，是三个语义完全平列的动词短语，没有主从之分，这种形式的连动结构其实是极少的。例(31)中的"去"之于"找"，例(32)中的"雇来"之于"装"，例(33)中的"提价"之于"出售"，都已经出现了语义降级，只是这种降级完全由人们对语义关系的理解来完成。而例(34)中的"带着"之于"求见"，已经降级到十分明显的状态，并且，这种"状态"是有句法形式"V着"作标记的。现代汉语中存在"沿着、朝着、向着、靠着、顺着、拿着、凭着"一类动介不清的词语，也存在不少动介兼类词，它们都是非终结动词语义降级不彻底的产物。由此向前再进一步的语义降级，就会导致非终结动词的介词化——连动结构中前一动词短语彻底的语义降级。我们理解，从连动结构到介动结构的演化，是由语义的渐次降级而不是一次降级达成的，因而这种降级也就是一种粘糊状态。

7.3 重新分析与最佳条件

总结前文的论述，我们所理解的汉语介词衍生的机制大致是这样的：汉语中有一部分句法语义上不完足的非终结动词，它们在语义完形要求的推动下，便后续或追加动词短语，形成连动结构或兼语结构。受语言结构系统主从关系原则的支配，非终结动词短语又会发生语义降级。语义降级得越彻底，动词语法化为介词的程度就越高。

我们认为，非终结动词在连动结构或兼语结构中通过语义降级而实现的介词衍生过程，既符合重新分析，也体现出语言演变的最佳条件。

重新分析(reanalysis)是指改变一个语言形式的结构或功能的演化。Langacker(1977)把重新分析定义为：没有改变表层形式的结构变化(转引自刘坚等,1995)。我们认为，汉语非终结动词衍生为介词的过程，正好是一个没有改变语言表层形式而使语言结构功能发生变化的重新分析的过程。太田辰夫和本涅特都把被动介词"被"的衍生看作是重新分析的结果(转引自刘坚等,1995)，就是很好的证明。我们来看下面两个句子在表层结构上是多么相近：

(35) 乃从荀卿学帝王之术。(《史记·李斯列传》)

(36) 我跟老师学习书法。(自编例句)

例(35)中的"从"为非终结动词"跟随"，例(36)中的"跟"为地道的介词。尽管一是古代汉语，一是现代汉语，但两句的词序和语义结构则几乎是完全平行的，只不过"跟"相对于"从"而言，在结构和功能上都发生了内在的变化而已。

屈承熹(1993)认为，"当两种形式相互竞争时，一种在形成中给语法整体造成的额外损失最小的形式，会最终得势。我们称其为'最佳条件'，也可暂时将其解释为一种结构对语言的语法整体的最佳效果。"我们认为，汉语非终结动词通过连动结构或兼语结构衍生为介词的过程，也就是"最佳条件"得势的过程：它只涉及动词的语义降级，而不改变语句的表层结构(如词序)，整个句子的句法形式并不发生明显的变化，因而也不会造成语言的额外损失。语言演变所付出的代价越小，也就越符合语言渐变的原则，汉语介词的衍生机制对此大概又是一个很好的证明。

第5章 汉语介词衍生的语义降级机制

附 汉语非终结动词的类别及例词

对汉语非终结动词的考察,我们主要参考了《精选英汉—汉英词典》(商务印书馆、牛津大学出版社,1995年版)的《汉英词典》中标有动词词性的词条,从中挑选出一些我们认为属于非终结动词的词条,现分类举例如下。

1. 致使动词:害、导致、招致、妨害、妨碍、使得、引起、逼迫、迫使、强迫、强制、驱使、安排、布置、打发、命令、责成、责令、指使、委派、委任、委托、指派、追认、鞭策、策动、催促、促使、促进、督促、敦促、鼓动、鼓励、鼓舞、勉励、教唆、暗示、授意、奉劝、引诱、规劝、劝、劝导、劝告、劝说、烦劳、烦扰

2. 阻止动词:禁止、严禁、拒绝、劝阻、制止、中止、阻碍、阻挠、遏止、遏制、抵挡、反击、反抗、防备、防止、严防、预防、放任、听凭、任凭、听任、坐视

3. 求予动词:哀求、博取、博得、报经、祈求、乞求、请求、请示、让、申请、报请、恳、央告、央求、要求、邀请、聘请、征招、保送、答应、保佑、保障、保证、担保、供养、教、教导、准予、准许、承诺、容许、允许、分配、致以、给以、给予

4. 领从动词:带领、率领、带头、领导、引导、听从、听、服从、跟随、尾随、随从、陪同、会同、伙同、连同、随同、协同、陪伴、伴随、连带、配合、协助、围绕、距离、离开

5. 合作动词:帮助、辅导、代表、代替、顶替、替、替代

6. 依凭动词:趁机、乘机、乘胜、乘虚、抽空、抽身、赶巧、奉命、出于、卖身、冒名、硬着、自恃、借故、借口、借助、借重、凭、凭借、舍命、舍身、顺序、偷空、依从、依据、依靠、根据、因循、有赖、仗、仰仗、酌情、遵从、遵循、遵照、按理、按期、按例、按时、破格、由得

7. 进程动词:出动、出兵、出师、发起、开始、接着、展开、着手、继续、加以、加速、进行、巡回、限期、限于、暂缓、暂停

8. 遭受动词:挨、蒙受、遭到、遭遇、遭受、受到、经受、接受、受、落(埋怨)、需要、有待、值得、得到

9. 比照动词:对比、对照、仿照、仿效、比照、相比、好比、好似、好像、模拟、摹拟、针对、当面、当头、当众

10. 方式动词：出面、埋头、随口、脱产、转身、转手、纵情、转念

11. 趋向动词：去、来、前去、前往、前来

12. 关系动词：擅长、善于、有助于、等于、可谓、可见

13. 言说动词：禀告、告诉、告诫、通报、通知、上书、建议、倡导、倡议、提醒、宣布、宣称、宣告、宣誓、声称、号召、鼓吹、标榜、检举、告发、诬陷、诬告、指控、抱怨、坦白、交代、承认、证明、请问、打赌、查明、获悉、发现

14. 意向动词：奋发、奋起、奋力、奋勇、敢于、执意、着力、坚信、急于、乐得、立志、倾心、热衷、热中、勇于、有意、执意、致力、着眼、誓死、务必、专心、着重、注重、当心、怀疑、留神、留心、留意、担心、猜想、猜测、嫌、讨厌、打算、企图、希望、指望、掂量、妄图、妄想、志愿、准备、算计、估计、策划、计划、但愿、祝愿、自愿、志愿、懊悔、感到、觉得、容忍、舍得、主张、自信、自负、凑合、将就、负责

15. 情态动词：可以、能够、总得、得、能、肯、愿意

结 语

1. 本研究所做的基本工作和基本结论

纵观全文,我们所做的研究工作基本上可以概括为如下 4 个方面:

第一,基于句法形式的描写,揭示句法的认知结构。本书对汉语句法系统中五个极为重要的句法形式,从认知结构的角度,进行了深入细致的研究,切实地描写和阐释了深藏于各个句法形式背后的认知动因,对各个句法形式背后的统一的认知结构进行了抽象和概括。比如,我们对把字结构的位移图式的揭示,对连字句序位框架的揭示,对汉语句法重叠无界化认知方式的阐述,都有助于我们对汉语句法结构和语义结构之间相互关系的理解。

第二,基于汉语语法事实,对各句法形式内部的语义小类及其相互关系,进行了深入的描写和刻画。我们坚持在大量占有实际语料的基础上,对各个句法形式内部的各小类,围绕该句法形式的认知结构这一核心,不断进行分类再分类的细致的描写工作。有了这样的工作,我们对句法的认知结构的解释,就不再流于空洞的概念,而是一个个实实在在的认知语义系统,而这些系统是由大小不等的若干小类所组成。这样的工作,不仅有助于理论的解释,更能为汉语第二语言的语法教学提供切实有效的理论依据和操作程序。比如,我们对连字句的序位框架的描写,就从有序名词的激活、无序名词的建构以及对条件成分的映现这样三个层次来逐一加以描写,而且在各个层次的内部又分为若干小类。我们之所以做这样分类再分类的工作,完全是为了用最实际的语言材料,把"序位化"这个抽象的概念具体化、形式化。我们对三种句法重叠形式的各小类的不断分化,对汉语五类非终结动词与介词衍生关系的逐一描写,也都是出于同样的考虑。这样的分类再分类工作,可以揭示语义范畴的典型化、次范畴化和脱范畴化之间的关系。

第三,基于认知语义学的观念,提出或重新定义若干新的概念,用以描写、解释各种句法形式的认知结构。总起来说,本文是在认知语义学的框架内展开的,但为了更为有效地解释汉语句法的各种语言现象,本文结合认知结构分析的切实需要,提出或重新定义了若干概念。相信这些概念对于深入进行句法的认知结构分析,是有重要价值的。比如,在分析重动句时我们提出了"远距离因果关系"的概念,在分析把字句时我们提出了"位移图式""等值图式"等概念,在分析介词衍生的语义机制时我们提出了"终结动词/非终结动词"的概念,在分析连字句时我们提出了"有序名词/无序名词"的概念,在分析形容词重叠时我们提出了"比较性/非比较性"的概念等等。这些概念的提出或重新定义,为本研究的深入开展奠定了良好的基础。

第四,对各个句法形式中的词汇项目选择予以特别的关注,并进行了认真的观察和描写。我们相信,任何句法结构的形成,都是以特定的词汇项目的选择为基础的。搞清楚某一句法结构与某一类词汇项目之间相互选择、相辅相成的关系,不仅能加深对某一句法结构各个成分之间内部关系的理解,也能使句法结构的抽象语义关系在具体词汇的表现中得到清晰的展现。而这一点对于汉语第二语言的词汇和语法教学来说,都会是有切实帮助的。比如,我们对把字句中谓语动词和补语位置上的词汇成分进行了细致的分类描写,对连字句中有序名词的小类进行了细致的描写,对形容词重叠中的"慢慢"和"好好"进行了细致的描写,对制约介词衍生的不同小类的非终结动词进行了细致的描写等等。这些工作的完成,使我们对词汇与句法之间的互动关系有了切实的体会。这样的工作,也使得句法的认知结构研究在扎扎实实的词汇语义分析的基础上得到有效的保证。

在上述四方面研究工作的基础上,我们给汉语中五个重要句法形式的认知结构各自做出了如下的基本结论。应当说,这些结论是富有新意的。

第一,典型的"把"字句凸显的是一个物体在外力作用下发生空间位移的过程,而这种空间位移过程的图式通过隐喻拓展形成了"把"字句的系联图式、等值图式、变化图式和结果图式等四种变体图式。

第二,"连"字句是用来实现人们对外部事物进行序位化心理操作的一种句法手段。这种序位化的心理操作过程,在汉语中是通过有序名词的序位激活和无序名词的序位建构来实现的。当名词空间序位框架映现到动词之上时,便会形成时间序位框架,从而实现为条件成分。

第三,汉语重动结构主要表现的是结果的偏离性和动作行为的超常量这两个语义范畴。结果的偏离性以远距离因果关系为动因,动作行为的超常量通过换喻而与结果的偏离性达成统一。这种远距离因果关系动因在本质上体现为说话人对因果关系的一种心理操作方式。

第四，汉语三种主要的句法重叠形式，反映了人们用"无界"的观念看待外部世界的三种基本认知方式，即动词重叠以惯常性为基础表现"无界小量"，形容词重叠以非比较性为基础表现"无界大量"，量词重叠以时间—维性为基础表现"无界逐量"。因此，汉语不同的句法重叠可以统一地概括为表现无界的量的语法意义。

第五，汉语中衍生为基本介词的动词具有非终结性特征。非终结动词在句法语义上都要求后续或追加动词短语，形成连动结构或兼语结构，以满足句子语义完形的要求。而当一个句子同时出现多个动词短语时，受语言结构主从关系原则的制约，非终结动词短语就要发生语义降级。因此，汉语介词的产生可能是一部分非终结动词在连动结构或兼语结构中由人们心理上的语义降级而产生的句法后果。

2. 本研究带给我们的三点启示

在本研究所做的工作中，我们清晰地体会到，句法结构的心理现实性、隐性的量范畴以及句法和词汇之间的互动关系，在汉语句法结构的研究中都占有非常重要的地位。在今后的句法认知研究中，应当是我们特别关注的对象。

第一，句法结构的语义基础来自人们把握外部世界时心理上的某种认知方式，这种认知方式制约着句法的认知结构。每一种特定的句法结构，都必然以某种特定的认知结构为基础。因此，隐藏在句法形式背后的认知结构，也就是普遍存在着的句法的心理现实。我们认为，对特定句法结构的心理现实性的揭示，应当成为语言研究的根本任务之一。

我们知道，语言的心理现实就是语言要素在语言使用者心理上的相应存在，一种语言的每一个要素都应该有其相应的心理现实性。句法结构作为语言系统中最为重要的一个要素，必然具有某种心理现实性。汉语的句法结构自然不能例外。因此，我们认为，每一个句法形式背后所存在的认知结构，就是这个句法结构所具有的心理现实性。乔姆斯基认为，语言的研究对象是一个心理实体。探求句法形式背后的认知结构应当成为我们研究汉语语法的一项重要任务。

我们认为，遵循"形式与意义相互验证"的研究范式，已经带给汉语语法研究以丰硕的成果，但是我们终究不能也不应该仅仅满足于这种"形式与意义相互验证"的研究范式。形式和意义之间并不总是能够找到一一对应的关系。我们认为，形式终究是有限的，而意义终究是无限的。总想在有限的形式之中分析出无限的意义来,我们难免会陷入困惑。

因此,如果我们能够把更多的研究目光放到句法形式的认知结构上来,那么,我们对于每一个句法结构背后的意义的形成,以及意义的演化过程乃至整个的意义系统,就会有更深层次的、更抽象和更概括的理解。在这样的研究基础上,形式和意义相互验证的方法,也许能够发挥更大的作用。比如,汉语连字句意义纷繁复杂,莫衷一是,的确让人难以把握。当我们从认知上的序位化的角度来观照它时,我们就可以由连字句从最典型到最不典型的各种意义中,抽象出一条统一的意义,从而以简驭繁。有了这个内在的统一的精神,我们也就能够对各种不同的意义变体做出合情合理的解释。这是一种理想化的研究思路,不知它能走多远,但是它至少可以为我们在一定的范围内展示语言结构系统的另一个精彩的层面。

探求汉语句法的心理现实性,也是汉语作为第二语言教学的需要,而句法的心理现实性研究在第二语言的语法教学中具有更为突出的价值。也许有人以为,第二语言教学可能就是从一个符号系统转换为另一个符号系统的过程,它似乎只涉及物质性的符号转换,其实不然。语言并不仅仅是一套符号系统,这个系统的每一个要素,都以母语者心理层面的相应存在为基础。因此,从这个角度说,第二语言学习的过程,本质上讲更是一套语言的心理现实性系统转换的过程。每一种语言的符号系统,都以自己一套相对独立的心理现实性系统为基础,不掌握该语言的心理现实性系统而想熟练掌握它的符号系统是难以想像的。已有研究表明,"把"字句的位移图式在汉语母语者的语言系统中具有明确的心理现实性,而在外国留学生的第二语言系统中却没有这种心理现实性(高立群,2002;2004)。所以我们认为,只有在对汉语句法的心理现实做出充分的挖掘和描写的基础上,在对汉语句法的心理现实有了清晰的认识之后,我们才能在第二语言教学中切实培养和建立汉语第二语言学习者的汉语的心理现实性系统。这是从根本上提高汉语语法教学效率的有效手段。

第二,在语言的系统中,不仅仅存在着显性的范畴系统,还存在着大量的隐性范畴(covert category)系统。沃尔夫指出,隐性范畴是指在一般情形下并不出现词素标记的语法范畴,它具有暗藏、抽象的本质,却在很大程度上是意义之所在(参看沃尔夫,2001)。这些隐性范畴,对句法语义的形成有着深刻而广泛的影响。清晰地描述和揭示语言系统中的种种隐性范畴,有助于我们全面理解语言系统内在的运作机制,而这对缺乏严格意义上的形态标记的汉语来说,就显得更

结 语

有价值。

从这个研究中我们看到,隐性的量范畴在汉语句法的认知结构中,占有非常重要的地位。近年来,随着人们对主观性和主观化问题的兴趣越来越浓厚,对汉语主观量(显性的和隐性的)问题的研究也越来越引人注目(李宇明,2000c;李善熙,2003)。词语的语义数量特征是"影响语法的最深刻的语义特征之一"(石毓智,2000)。从我们研究的若干句法形式可以看到,隐性的量范畴是对句法结构起着最深刻影响的语义范畴之一。比如,深藏在连字句序位化这一核心概念背后的是一个隐性的量范畴——量级序列。而连字句表达的正是人们在量级概念的基础上,根据情理值的大小来对外部事物进行序位化心理操作的过程。再比如我们讨论到的重动结构,它以远距离因果关系为认知基础,这种远距离因果关系就突出表现为超常量特征,而这也正是隐性量范畴的语言表现之一。还有汉语句法重叠的三种形式,无一不体现出量的因素和量的特征,它们进一步表现为无界的量等等。我们由此看到汉语句法背后普遍存在着"量"的影子,它在一个深广的层面上制约着我们的句法结构的语义认知系统。

隐性的量范畴,不行于语言形式之外,但深深影响于语义系统之中,它体现了人们的认知范畴系统之间的内在联系。如由隐性量演变为条件关系,在汉语中并非连字句一个。汉语的许多关联格式,都包含着由量的关系演变为条件关系的痕迹。比如"一……就……""越……越……""再……就……"(曹逢甫、萧素英,2002)等等。由此我们相信,从量的观念出发,深入挖掘汉语句法形式背后的深层次的"量"的制约因素,是一件十分有意义的工作。

第三,任何一个句法结构的形成都以特定的语义结构为基础,而词汇作为语义承载的最基本单位,与句法结构之间具有明确的互动关系,任何一个句法结构的形成,都要以某些类的特定的词汇单位为基础,而句法结构一旦形成,也会对某些类的词汇具有特别的选择倾向。把握句法与词汇之间的互动关系,是我们切入汉语句法研究的一个新的角度。

从本文所涉及的各种句法结构,我们能够看到一个重要的现象:句法与词汇的互动关系是语言结构系统中非常重要的一个侧面。我们认为,对于句法意义的研究,离不开对于进入这一句法框架的词汇语义特征的观察与概括。所谓句法意义,说到底是对特定词汇的语义及其关系的抽象概括。而每一个句法意义的形成、巩固和发展,也是依靠特定类别的词汇来支撑的。

让我们来回顾一下某一特定的句法结构对某些词汇项目的优先选择倾向:

  a. "把"字句优先选择：位移动词、方位处所成分。
  b. "连"字句优先选择：有序名词、"自己""我""想"等。
  c. 量词重叠优先选择：时间词和时间特征词语，如"天天""回回"。
  d. 形容词重叠优先选择："慢慢""好好"。
  e. 动词重叠优先选择：惯常性时间成分"有时候""常常""一般"，动词"看看""玩玩""做做""说说""听听""洗洗""问问""想想"等。
  f. 衍生为介词的动词优先选择："空间"类、"操作"类、"依凭"类、"关系"类、"遭受、使令"类的非终结动词。

  上述这些现象充分表明，某一句法结构对某类（个）词汇项目的选择偏向，是这个句法结构的语法意义与这类（个）词语的词汇意义相互适切、相互需求的结果。

  我们还看到词汇和句法之间的互动关系的另一种表现：当进入某一句法结构的词汇项目发生重大变化时，句法的意义也往往会发生或多或少的变化。由此看来，句法结构意义的典型范畴化、次范畴化以及脱范畴化的演变，也与词汇选择过程中某些具体词项的变化密切相关。例如，连字句三大类语义范畴的分别，是以有序名词、无序名词和动词短语等不同成分的入句为条件的。还有"把"字句四个变体图式的产生，也是以不同类别的小类动词做谓语为基础的。再如量词重叠中空间量词的进入，有可能改逐量的意义为周遍的意义。由此我们更加清楚地看到，在句法意义与词汇选择之间的互动关系，是形成并改变句法结构意义的一个重要推动力。深入探究汉语句法与词汇之间的这种互动关系，可以为正在兴起的"词汇语法"理论的发展贡献力量。

3. 不足及今后的任务

  作为一个开放性的研究课题，本书的研究可以说只是在"汉语句法的认知结构"这个大题目下，做了若干非常初步的、尝试性的研究工作。而就目前所做工作的深度和广度而言，它距离建立一个科学的、系统的理论框架的要求，还有相当的差距。因此，从系统性的角度看，本书对汉语句法的认知结构研究，还远远没有达到建立系统化理论的要求。毋庸讳言，这是本书一个明显的不足。

  其次，我们在从事本课题的研究时，比较注意对国内相关研究成果的阅读、借鉴和吸收，这为本书各个专题的研究打下了较好的基础。但是，因受个人时间、精力及外语水平的局限，我们对国外有关研究文献的阅读、借鉴和吸收工作，

结 语

就做得比较薄弱。这有可能造成我们在观察问题、发现问题和解决问题时存有盲区。这应当说是本书的又一个不足。

今后,我们将沿着本书所开始的方向和思路,继续扩大对汉语各重要句法形式认知结构的个案研究,在不断积累汉语具体的认知结构研究成果的基础上,来深化和细化对汉语句法的认知结构系统的建构。只要能够坚持这样的研究路线和研究方法,相信会有一天,我们能够实现建立完整而系统的汉语句法的认知结构系统的目标。我们相信,这样的系统,是会为汉语作为第二语言的语法教学提供深厚的理论基础的。

参考文献

本杰明·李·沃尔夫　2001　《论语言、思维和现实——沃尔夫文集》，高一虹等译，长沙：湖南教育出版社。

卞觉非　1983　"干净"和"干干净净"及其他，《汉语学习》第 4 期。

蔡永强　2002　"连……都/也……"结构的认知考察，北京：北京语言文化大学硕士学位论文。

曹逢甫　1994　再论话题和"连……都/也"结构，《功能主义与汉语语法》，北京：北京语言学院出版社。

曹逢甫　萧素英　2002　论汉语两种关联句式的语法与语意，(台湾)中央研究院语言学研究所(筹备处)：Language and Linguistics 3.4:811—838。

曹秀玲　2002　现代汉语量限表达研究，上海：复旦大学博士学位论文。

陈昌来　2001　《儿女英雄传》动词重叠的考察，《汉语学报》总第 2 期。

陈前瑞　2002　汉语反复体的考察，《语法研究和探索》(十一)，北京：商务印书馆。

陈前瑞　2003　现代汉语体貌系统研究，武汉：华中师范大学博士学位论文。

储泽祥　肖扬　曾庆香　1999　通比性的"很"字结构，《世界汉语教学》第 1 期。

崔希亮　1990　试论关联形式"连……也/都……"的多重语言信息，《世界汉语教学》第 3 期。

崔希亮　1993　汉语连字句的语用分析，《中国语文》第 2 期。

崔希亮　1994　从"连……也/都……"结构看语言中的关联，《九十年代的语法思考》，北京：北京语言学院出版社。

崔希亮　1995　"把"字句的若干句法语义问题，《世界汉语教学》第 3 期。

崔永华　1984　"连……也/都……"句式试析，《语言教学与研究》第 4 期。

戴浩一　1990　以认知为基础的汉语功能语法刍议，《国外语言学》第 4 期。

〔英〕戴维·克里斯特尔 2000 《现代语言学词典》,沈家煊译,北京:商务印书馆。

戴耀晶 1993 现代汉语短时体的语义分析,《语文研究》第2期。

戴耀晶 1997 《现代汉语时体系统研究》,杭州:浙江教育出版社。

戴耀晶 1998 试论汉语重动句的语法价值,《汉语学习》第2期。

丁雪欢 1994 连字句的逆反性考察,《语文研究》第3期。

丁雪欢 1998 连字句肯定与否定之间的互转,《语文研究》第3期。

范 晓 1993 复动"V得"句,《语言教学与研究》第4期。

范方莲 1964 试论所谓"动词重叠",《中国语文》第4期。

费 嘉 1988 谈谈"连……也/都"结构中"连"字的词性,《语文学习》第4期。

傅雨贤等 1997 《现代汉语介词研究》,广州:中山大学出版社。

高立群 2002 "把"字句位移图式心理现实性的实验研究,《世界汉语教学》第2期。

高立群 2004 外国留学生"把"字句位移图式心理现实性的实验研究,《汉语口语与书面语》,北京:北京大学出版社。

高桥弥守彦 1987 关于"连……也/都……"格式的一些问题,《第二届国际汉语教学讨论会论文选》北京:北京语言学院出版社。

高桥弥守彦 1993 关于介词"连",《日本近、现代汉语研究论文选》,北京:北京语言学院出版社。

高庆实 1999 "形容词的重叠现象"研究,上海:上海师范大学硕士学位论文。

高增霞 1999 心理动词体"VV",《语文学刊》第3期。

郭春贵 1997 试论"连……都……"和"连……也……"的异同,《第五届国际汉语教学讨论会论文选》,北京:北京大学出版社。

郭继懋 1999 再谈量词重叠形式的语法意义,《汉语学习》第4期。

郭继懋 王红旗 2001 粘合补语和组合补语表达差异的认知分析,《世界汉语教学》第2期。

郭锡良 1997 介词"于"的起源和发展,《中国语文》第2期。

哈平安 2001 语言的心理现实,《语言》第二卷,北京:首都师范大学出版社。

韩 蕾 1998 谈表比较的连字句,《徐州师范大学学报》(哲社版)第1期。

何 融 1962 略论汉语动词的重叠,《中山大学学报》(社会科学版)第1期。

洪 波 2001 连字句续貂,《语言教学与研究》第2期。

胡孝斌 1997 试论动词重叠"VV"式与动词"V一下"式的差异,《汉语学习》第2期。

华玉明 2003 《汉语重叠研究》,长沙:湖南人民出版社。

黄诚一 1956 谈"连"字,《中国语文》第10期。

黄国文 丁建新 2001 沃尔夫论隐性范畴,《外语教学与研究》第4期。

黄月圆 1996 把/被结构与动词重复结构的互补分布现象,《中国语文》第2期。

解惠全 1987 谈实词的虚化,《语言研究论丛》第四辑,天津:南开大学出版社。

金昌吉 1996 《汉语介词和介词短语》,天津:南开大学出版社。

蓝 纯 1999 从认知角度看汉语的空间隐喻,《外语教学与研究》第4期。

李 讷 石毓智 1997 汉语动词拷贝结构的演化过程,《国外语言学》第3期。

李 珊 1998 汉语短时体重叠动词源流考,日本《中国语学》第245期。

李 珊 2003 《动词重叠式研究》,北京:语文出版社。

李 瑜 1989 谈谈"动词+一下"和动词重叠的关系,《外交人员汉语教学论文集》(内部资料)。

李静远 1957 谈"连"字,《语文知识》第12期。

李人鉴 1964 关于动词重叠,《中国语文》第4期。

李善熙 2003 汉语"主观量"的表达研究,北京:中国社会科学院研究生院博士学位论文。

李行德 1992 语法的心理现实性,《国外语言学》第3期。

李英哲 2000 从语义新视野看汉语的一些重叠现象,《汉语学报》总第1期。

李英哲等 1990 《实用汉语参考语法》,熊文华译,北京:北京语言学院出版社。

李宇明 1996a 论词语重叠的意义,《世界汉语教学》第1期。

李宇明 1996b 双音节性质形容词的AABB式重叠,《汉语学习》第4期。

李宇明 1998a 动词重叠的若干句法问题,《中国语文》第2期。

李宇明 1998b 论数量词的复叠,《语言研究》第1期。

李宇明 1999 程度与否定,《世界汉语教学》第1期。

李宇明 2000a 动词重叠与动词带数量补语,《语法研究和探索》(九),北京:商务印书馆。

李宇明 2000b 汉语复叠类型综论,《汉语学报》总第1期。

李宇明 2000c 《汉语量范畴研究》,武汉:华中师范大学出版社。

廖斯吉　1984　谈谈关联词语"连……也/都……"的功用,《西北师范学院学报》第 1 期。

廖斯吉　1987　再谈关联词语"连……也/都……"的功用,《西北师范学院学报》第 1 期。

刘　坚　曹广顺　吴福祥　1995　论诱发汉语词汇语法化的若干因素,《中国语文》第 3 期。

刘　坚　1989　试论"和"字的发展——附论"共"字和"连"字,《中国语文》第 6 期。

刘丹青　徐烈炯　1998　焦点与背景、话题及汉语连字句,《中国语文》第 4 期。

刘丹青　2001　语法化中的更新、强化与叠加,《语言研究》第 2 期。

刘根洪　1998　试论现代汉语的动词重叠,上海:上海师范大学硕士学位论文。

刘月华　1979　从"天天"和"每天"所想到的,《语言教学与研究》第 2 期。

刘月华　1983　动词重叠的表达功能及可重叠动词的范围,《中国语文》第 1 期。

刘月华等　2001　《实用现代汉语语法》(增订本),北京:商务印书馆。

卢卓群　2001　名词重叠式的历史发展,《汉语学报》总第 2 期。

陆镜光　2000　重叠·指大·指小,《汉语学报》总第 1 期。

马　真　1982　说"也",《中国语文》第 4 期。

马贝加　1992a　介词"照"的产生,《温州师院学报》第 1 期。

马贝加　1992b　方式介词"凭、据、随、论"的产生,《温州师院学报》第 2 期。

马贝加　1992c　介词"沿"的产生,《语文研究》第 3 期。

马贝加　1993　介词"同"的产生,《中国语文》第 2 期。

马贝加　2000　对象介词"将"的产生,《语言研究》第 4 期。

马庆株　1991　顺序义对体词语法功能的影响,《中国语言学报》第四期。

毛修敬　1985　动词重叠的语法性质语法意义和造句功能,《语文研究》第 2 期。

梅立崇　1995　"连……也/都"格式中的"连"属于何种词性,《汉语和汉语教学探究》,北京:华语教学出版社。

倪宝元　林士明　1979　说"连",《杭州大学学报》第 3 期。

聂仁发　2001　试论重叠式动词的本体性,《语言问题再认识》,上海:上海教育出版社。

齐沪扬　1998　《现代汉语空间问题研究》,上海:学林出版社。

钱乃荣　2000　现代汉语的反复体,《语言教学与研究》第 4 期。

邱广君　1999　现代汉语动词的方向体系,《中国语言学报》第九期,北京:商务印书馆。

屈承熹　1993　《历史语法学理论与汉语历史语法》,朱文俊译,北京:北京语言学院出版社。

邵敬敏　吴　吟　2000　动词重叠的核心意义、派生意义和格式意义,《汉语学报》总第1期。

申小龙　1983　试论汉语动词和形容词的重迭形态,《语文论丛》第二辑,北京:上海教育出版社。

沈　阳　1997　名词短语的多重移位形式及把字句的构造过程与语义解释,《中国语文》第6期。

沈家煊　1995　"有界"与"无界",《中国语文》第5期。

沈家煊　1999a　《不对称和标记论》,南昌:江西教育出版社。

沈家煊　1999b　转指和转喻,《当代语言学》第1期。

沈开木　1988　"表示强调"的"连"字所涉及的形式同内容的矛盾,《语法研究和探索》(4),北京:北京大学出版社。

石定栩　2001　形容词重叠式的句法地位,《汉语学报》总第2期。

石毓智　1995　时间的一维性对介词衍生的影响,《中国语文》第1期。

石毓智　1996　试论汉语的句法重叠,《语言研究》第2期。

石毓智　2000　《语法的认知语义基础》,南昌:江西教育出版社。

时卫国　1998　"有点"与形容词重叠形式,《河北大学学报》(哲社版)第2期。

束定芳　2000　《隐喻学研究》,上海:上海外语教育出版社。

宋玉柱　1981a　关于数词"一"和量词相结合的重叠问题,《现代汉语语法论集》,天津:天津人民出版社。

宋玉柱　1981b　关于量词重叠的语法意义,《现代汉语语法论集》,天津:天津人民出版社。

宋玉柱　1996a　"把"字句、"对"字句、连字句的比较研究,《现代汉语语法论集》,北京:北京语言学院出版社。

宋玉柱　1996b　论"连……也……"结构,《现代汉语语法论集》,北京:北京语言学院出版社。

宋玉柱　1996c　关于"连"字的词性,《现代汉语语法论集》,北京:北京语言学院出版社。

孙朝奋　1994　《虚化论》评介,《国外语言学》第 4 期。
孙德宣　1993　施受同辞说补释,《中国语文》第 5 期。
孙良明　1994　《古代汉语语法变化研究》,北京:语文出版社。
太田辰夫　1987　《中国语历史文法》,蒋绍愚、徐昌华译,北京:北京大学出版社。
唐翠菊　2001　现代汉语重动句的分类,《世界汉语教学》第 1 期。
王　还　1963　动词重叠,《中国语文》第 1 期。
王　力　1944　《中国语法理论》,北京:中华书局 1954 年版。
王　力　1985　《中国现代语法》,北京:商务印书馆。
王灿龙　1999　重动句补议,《中国语文》第 2 期。
王继同　1991　"一＋动量词"的重叠式,《中国语文》第 2 期。
项开喜　1997　汉语重动句式的功能研究,《中国语文》第 4 期。
肖奚强　1992　"连"字歧义句补议,《汉语学习》第 1 期。
邢福义　1986　反逆句式,《中国语文》第 1 期。
徐　杰　2001　"重叠"语法手段与"疑问"语法范畴,《汉语学报》总第 2 期。
徐　枢　1993　谈语义制约和格式实现的条件,《世界汉语教学》第 4 期。
徐卡嘉　1999　"把"字句与路径图式,未刊。
徐颂列　1998　《现代汉语总括表达式研究》,杭州:浙江教育出版社。
徐通锵　1990　结构的不平衡性和语言演变的原因,《中国语文》第 1 期。
薛凤生　1987　试论"把"字句的语义特征,《语言教学与研究》第 1 期。
薛凤生　1994　"把"字句和"被"字句的结构意义——真的表示"处置"和"被动"? 沈家煊译,载戴浩一、薛凤生主编《功能主义与汉语语法》,北京:北京语言学院出版社。
杨　平　2003　动词重叠的基本意义,《语言教学与研究》第 5 期。
杨　蔚　2001　连字句的话语分析,《华南理工大学学报》(社会科学版)第 3 卷第 1 期。
杨伯峻　何乐士　1992　《古汉语语法及其发展》,北京:语文出版社。
杨凯荣　2003　"量词重叠＋(都)＋VP"的句式语义及其动因,《世界汉语教学》第 4 期。
杨素英　1998　从情状类型来看"把"字句(上)、(下),《汉语学习》第 2、3 期。
姚小平　2002　人类语言学家沃尔夫的遗产——读《论语言、思维和现实》,《外语教学与研究》第 1 期。

叶步青　2000　汉语动词重叠的语义研究,《汉语学报》总第 1 期。

元传军　2002　现代汉语形容词重叠式研究,南京：南京师范大学硕士学位论文。

袁　杰　夏允贻　1984　虚义动词纵横谈,《语言研究》第 2 期。

张　赪　2000　现代汉语"V—V"式和"VV"式的来源,《语言教学与研究》第 4 期。

张　静　1979　论汉语动词的重叠形式,《郑州大学学报》第 3 期。

张　敏　1997　从类型学和认知语法的角度看汉语重叠现象,《国外语言学》第 2 期。

张　敏　1998　《认知语言学与汉语名词短语》,北京：中国社会科学出版社。

张　敏　1999　汉语方言体词重叠式语义模式的比较研究,《汉语方言共时与历时语法探讨论文集》,伍云姬编,广州：暨南大学出版社。

张宝胜　2001　关于动词重叠的几个问题,《汉语学报》总第 2 期。

张伯江　2000　现代汉语的双及物结构式,载《面临新世纪挑战的现代汉语语法研究》,陆俭明主编,济南：山东教育出版社。

张伯江　方　梅　1996　《汉语功能语法研究》,南昌：江西教育出版社。

张旺熹　1999　《汉语特殊句法的语义研究》,北京：北京语言文化大学出版社。

张友建　1957　"连"字是助词,《中国语文》第 6 期。

郑定欧　1999　《词汇语法理论与汉语句法研究》,北京：北京语言文化大学出版社。

郑良伟　2002　含意焦点标志语及信息连贯标志语：台语"连……嘛/都"及华语"连……也/都",国际中国语言学学会第 11 届年会论文,日本名古屋。

郑远汉　2003　数量词复叠,《汉语学报》总第 4 期。

钟兆华　1996　汉语"介宾·动宾"句式中介词的历史递换,《语言研究》第 2 期。

周国光　1998　儿童语言中的连谓结构和相关的句法问题,《中国语文》第 3 期。

周小兵　1990　汉语连字句,《中国语文》第 1 期。

周小兵　1996　连字句的生成与发展,《句法语义篇章——汉语语法综合研究》,广州：广东高等教育出版社。

朱德熙　1956　现代汉语形容词研究,《语言研究》第 1 期。

朱德熙　1982　《语法讲义》,北京：商务印书馆。

朱景松 1998 动词重叠式的语法意义,《中国语文》第5期。

朱景松 2003 形容词重叠式的语法意义,《语文研究》第3期。

祝敏彻 1957 《论初期处置式》,上海:新知识出版社。

Goddard, Cliff. 1998, *Semantic Analysis*. Oxford: Oxford University Press.

Goldberg, Adele E. 1995, *Constructions: A Construction Grammar*. Chicago/London: The University of Chicago Press.

Henri Frei 1982,《法语两千常用句》(中译本),北京:北京出版社。

Jackendoff, Ray. 1991, *Semantic Structures*. Massachusetts: The MIT Press.

Langacker, Ronald W. 1987, *Foundations of Cognitive Grammar*, Vol. 1 & 2, Standford University Press.

Langacker, Ronald W. 1990, *Concept, Image, and Symbol—The Cognitive Basis of Grammar*. Berlin/New York: Mouton de Gruyter.

Li, Charles & Sandra, Thompson. 1981, *Mandarin Chinese: A Functional Reference Grammar*. Berkeley/Los Angeles/London: University of California Press.

L. R. 帕默尔 1983 《语言学概论》,北京:商务印书馆。

Moltmann, Friederike. 1997, *Parts and Wholes in Semantics*. Oxford: Oxford University Press.

Potts, Timothy C. 1994, *Strutures and Categories for the representation of meaning*. Cambridge: Cambridge University Press.

Paris, Marie-Claude(白梅丽),1981,汉语普通话中的"连……也/都",罗慎仪节译,《国外语言学》第3期。

Saeed, John I. 2000, *Semantics*. 外语教学与研究出版社、布莱克韦尔出版社联合出版。

Su, Shuhui. 2002, The Use of *Dou* and *Ye* in *Lian* Construction,国际中国语言学学会第11届年会论文,日本名古屋。

Sweetser, Eve. 2002, *From Etymology to Pragmatics: Metaphorical and Cultural Aspects of Semantic Structure*. 北京大学出版社、剑桥大学出版社联合出版。

Talmy, Leonard. 2000, *Toward A Cognitive Semantics*, Vol I: *Concept Stucturing Systems*. Massachusetts: The MIT Press.

Talmy, Leonard. 2000, *Toward A Cognitive Semantics*, Vol Ⅱ: *Typology and Process in Concept Stucturing*. Massachusetts: The MIT Press.

Taylor, John R. 2001, *Linguistic Categorization: Prototypes in Linguistic Theory*. 外语教学与研究出版社、牛津大学出版社联合出版.

Van Valin, Robert D. Jr. & Lapolla, Randy J. 2002, *Syntax: Structure, Meaning and Function*. 北京大学出版社、剑桥大学出版社联合出版.

Zhang, Ning. 1998, The interactions between construction meaning and lexical meaning. *Linguistics* 36-5.

术语索引

(只标引术语在本书首次出现的章节)

"把"字句	绪论1
背景句	第五章7.2
背景信息	第三章5.4
被动标记	第五章6.2
被动式	第五章1.1
比较性	第四章4.3
变化图式	第一章2.3.7
遍指	第四章5.1
标记	第一章2.1
标记形式	第五章2.2
表层形式	第五章5.2
表小体	第四章3.1
不定量	第四章1.3
参项	第二章1.1.1
操作词	第二章1.1.9
操作动词	第五章3.1
超常量	第三章1
重动结构	第三章1
重动句	绪论1
重新分析	第五章7.3
程度量	第四章2.3.2
处所范畴	第五章2.1

处置式	第一章 1
词汇化	第二章 5.3
词汇项目	第二章 6.3
词汇语法	绪论 3
词群	第五章 1.1
词素标记	结语 2
词项	绪论 3
词义渗透	第五章 1.1
次第扫描	第四章 2.2
次范畴	绪论 3
次范畴化	第二章 4.6
单比	第四章 4.3
等值图式	第一章 3.1
第二语言	绪论 2
典型范畴	绪论 3
典型化	第二章 6.2
调量	第四章 1.2
动程	第四章 3.1
动力动词	第一章 2.2
动量	第一章 4
短时貌	第四章 3.1
短时体	第四章 3.1
对比重音	第二章 1.1.7
对待动词	第五章 5.2
对义名词	第二章 3.2.6
多重移位	第一章 1
反复体	第四章 3.1
反逆句式	第二章 1.1.3
泛时空性	第二章 5.3.3
泛条件成分	第二章 5.3.3
范畴化	第一章 4.2

范畴系统	第二章 6.2
非比较性	第四章 4.3
非终结动词	第五章 1.2
非终结性	第五章 1.2
非主话题	第二章 1.1.7
非自主动词	第四章 3.3
分指	第四章 5.1
附带信息	第二章 1.1.7
附接语	第五章 1.2
附着形式	第五章 1.2
复叠式	第四章 5.1
复合结构	第五章 5.2
概念化	绪论 3
概念距离	第三章 5.2
功能主义	第三章 5
功效范畴	第三章 4.4
构式语法	绪论 3
关联标记	第二章 4.4.1
关联格式	第二章 6.2
关联模式	第二章 5.1
关联性	第二章 2.2
关系动词	第五章 5
关系范畴	第二章 1.1
惯常性	第四章 3.2
光杆动词	第一章 4.1
含意焦点	第二章 1.1.7
涵义	绪论 3
宏观条件	第二章 5.3.3
话题	第一章 3.2.4
话语功能	第二章 1.1.7
话语结构	第三章 5.4

基本介词	第五章 1.1
基本信息	第二章 1.1.7
即时扫描	第四章 2.2
极性对比	第二章 1.1.7
兼语结构	第五章 1.2
降级	第五章 7.2
焦点	第一章 4.1
焦点化	第五章 2.2
结果的偏离性	第三章 2
结果图式	第一章 3.1
结果语	第五章 7.1
介词化	第五章 1.1
介词衍生	绪论 1
句法	绪论 1
句法结构	绪论 3
句法框架	第一章 2.3.7
句法形式	绪论 1
句法重叠	绪论 1
句式语义	绪论 3
距离动因	第三章 5.2
可重复性	第四章 2.1
空间动词	第五章 2
空间范畴	第五章 2.2
空间量词	第四章 5.2.1
空间位移	第一章 1
空间序位	第二章 1.3
空间隐喻	第一章 3.1
空间域	第二章 5.1
空位	第三章 1
扩散性激活	第二章 1.1.8
理想化的认知模型	第二章 2.1

历史语法	第五章 1.1
连动结构	第五章 1.1
连续统	第四章 3.6
"连"字句	绪论 1
链接动词	第五章 1.2
量点	第四章 4.2
量段	第四章 4.2
量范畴	第二章 1.1.9
量级	第二章 2.3
量级序列	第二章 1.3
临界	第四章 3.2
临摹	第三章 1
领从动词	第五章 5.2
绵延体	第四章 3.6
命题	第五章 7.1
前景句	第五章 7.2
前景信息	第五章 2.2
轻微体	第四章 3.1
情理关联	第二章 2.2
情理逆反	第二章 2.4
情理值	第二章 1.3
情态	第一章 4.2
求予动词	第五章 6.2
趋向动词	第一章 2.1
全量	第二章 2.4
全量否定	第二章 2.4
全量肯定	第二章 2.4
认知动因	第四章 1.3
认知结构	绪论 1
认知模式	第二章 4.6
认知顺序	第五章 3.2

认知语言学	第一章 3.1
认知语义结构	绪论 3
认知语义系统	结语 1
认知语义学	绪论 3
认知域	绪论 3
施受同辞	第五章 6.2
时间的一维性	第二章 3.2.2
时间序位	第二章 1.3
时间域	第二章 5.1
时量	第二章 3.1
时体	第四章 1.1
使令动词	第五章 6
视角	绪论 3
述题	第二章 3.2.4
顺序义名词	第二章 2.5
单比	第四章 4.3
体词性	第二章 1.1.1
替代动词	第五章 5.2
条件成分	第二章 1.3
通比	第四章 4.3
统指	第五章 5.1
投射	第一章 2.3.2
凸显	第一章 2.2
推断信息	第二章 1.1.7
脱范畴	第二章 6.1
脱范畴化	第二章 4.6
完结性	第一章 4.1
完整体	第四章 3.1
微观条件	第二章 5.3.1
未然性	第四章 3.4
位移	第一章 1

谓词性	第二章 3.2.8
无标记	第二章 4.4
无定	第四章 3.2
无界	第四章 1.3
无界大量	第四章 2.3
无界的量	第四章 2.1
无界动作	第四章 2.1
无界化	第四章 6
无界事物	第四章 2.1
无界小量	第四章 2.2
无界逐量	第四章 2.2
无序名词	第二章 2.5
系联图式	第一章 3.1
显性逆反	第二章 1.1.3
显著度	绪论 3
相邻性	第三章 5.3
相邻原则	第三章 5.2
相似性	第一章 2.3.4
象似性	第三章 5.2
心理动程体	第四章 3.2
心理现实性	绪论 2
形式句法	第四章 4.3
形态标记	结语 2
虚化	第一章 4.2
虚义动词	第五章 1.2
虚指	第二章 4.5.1
序位化	第二章 1.3
序位激活	第二章 3.1
序位建构	第二章 4.1
序位框架	第二章 2.5
依凭动词	第五章 4

依凭意义	第五章 4.1
已然性	第四章 3.5
义场关联	第二章 2.5
意象图式	第一章 1
意愿性	第二章 6.3
隐性范畴	结语 2
隐性量	第二章 1.2
隐性逆反	第二章 1.1.3
隐喻	第一章 1
映现	第二章 1.3
有标记	第二章 4.4
有界	第四章 1.3
有界的量	第四章 2.2
有界动作	第四章 2.1
有界化	第四章 3.2
有界事物	第四章 2.1
有序名词	第二章 2.5
有指	第四章 3.2
语法功能	第四章 5.1
语法化	第二章 1.1.10
语法教学	绪论 2
语法结构式	绪论 3
语法意义	绪论 3
语篇	第二章 2.6
语势量	第四章 4.5.2
语态	第四章 3.4
语序	第五章 1.1
语言习得	绪论 2
语言系统	绪论 2
语义	绪论 1
语义场	第二章 2.5

语义单位	第五章 7.2
语义范畴	第一章 1
语义分化	绪论 3
语义关联	第二章 4.2
语义关系	第一章 3.1
语义机制	第五章 1.2
语义基础	绪论 3
语义激活	第二章 3.2.6
语义降级	第五章 7.2
语义角色	第五章 6.2
语义结构	绪论 1
语义特征	绪论 4
语义完形	第五章 7.1
语义系统	绪论 1
语义形态	第五章 7.1
语义真值	第二章 5.2
语用分布	第四章 4.5.2
语用功能	第三章 5.4
语用蕴涵	第二章 1.1.9
预期	第三章 5.2
预设	第二章 1.1.7
预设信息	第二章 1.1.7
原型范畴	第二章 4.1
原型效应	第二章 3.1
远距离因果关系	第五章 5.4
蕴含关系	第二章 5.2
暂微体	第四章 3.1
遭受动词	第五章 6
致使动词	第五章 6.2
中观条件	第二章 5.3.2
终结性	第五章 2.2

周遍性	第二章 1.1.6
逐指	第四章 5.1
主从关系	第五章 7.2
主动动词	第五章 6.2
主观化	结语 2
主观量	第二章 1.1.9
主观性	第三章 5.2
主话题	第二章 1.1.7
状位	第四章 4.5.1
准量词	第二章 1.1.1
自主动词	第二章 5.3.1
自主性	第四章 3.3
阻止动词	第五章 6.2
组构关系	第二章 1.1.10
最佳条件	第五章 7.3

后 记

不知与不觉间,中秋时节的开学典礼已成如烟往事;无奈与情急之中,毕业的日子已来到眼前;匆促与忐忑之下,交上这薄薄的文字,心底的那份感激与不安在仲夏夜之梦交织。

2001年,在告别学生生活14年之后,是齐沪扬教授赐我以攻读博士学位的机会,并让我独享他第一个博士研究生的荣幸。三年来,齐沪扬教授对我学业的督促、人生的指点以及工作的理解、宽容,常常使我默念师恩。

三年来,我所在的工作单位——北京语言大学对外汉语研究中心的领导赵金铭教授和崔希亮教授对我在职学习给以切实的关心与支持。《世界汉语教学》编辑部的同事陈前瑞博士、唐翠菊博士和王淑君女士,在日常的编辑工作中与我默契配合,这些都使我心怀深深的感激与不安。

上海师范大学一流的汉语语言学学术群体以及由他们所创造的自由而和谐的学术氛围,提供给我宝贵的学术养分:张斌先生的睿智新进,范开泰先生的丰厚学养,刘丹青教授的广博视野,张谊生教授的踏实勤勉,陈昌来教授的敏锐多产……,都常常使我感佩不已。从他们那里,我获益良多。

北京语言大学对外汉语研究中心,作为教育部人文社会科学重点研究基地,拥有跨学科研究的优秀人才和一流的信息资料及研究条件。我在与各专业同事的学术交往中,获得了许多灵感。胡翔高级工程师和邢红兵博士无私地提供我资料收集整理工作上的许多帮助。

上海师范大学语言学及应用语言学专业的博士生和硕士生同学,他们同时给我以老师的尊重和同学的友爱。在繁忙的工作间隙来到上海,能与他们一起品味做学生的那份惬意与自在,对我实在是一种美好的享受。同学们给予我的这双份的真诚和热情,我倍加珍惜。

三年间,我的许多朦胧而粗浅的想法,是在给我的硕士研究生的教学中逐步得到明确并形成系统的。在师生互动的过程中,我真正体会到教学相长的快乐。同时,由于经常奔波于京沪两地,研究生的教学工作受到一定影响。学生们的理解与宽容,使我同样心怀感激与不安。

　　我的好友王红旗先生在上海师范大学从事博士后研究期间,我和他有令人难忘的交往。他对汉语语法学的执著与热爱,给我以深深的教益;同乡好友王葆华先生在复旦大学攻读博士学位期间,慷慨赠予我许多外文资料,在与他的学术交谈中,我也受到了很多启发。

　　多年来,我的妻子梁新情独自承担着繁重的家务,我的岳父、岳母给我以许多生活上的帮助和照顾。我在繁重的工作之余尚能有一点点属于自己的时间和空间,都是家人的理解与期待惠赠于我的最好礼物。

　　在上海师范大学求学的日子,我身边的人所惠赠于我的,这本书无法承载。心中的那份感激与不安便将长久地伴我前行。我愿将这薄薄的文字,静静地汇入学思湖,让它去滋润那盛开的白玉兰。

张旺熹

2004 年 5 月 20 日

于上海师大

附录 1

从视点平行移动看持续体"着"的语义形成机制*

张旺熹 朱文文

提　要：本文以真实语料的定量考察为基础，从视点平行移动角度来挖掘汉语持续体"着"的语义形成机制。我们认为，"着"所具有的"持续体"的语法意义源于观察者视点平行移动的认知结构。在这一典型的视点平行移动结构中包含了［移动性］和［瞬时性］、［平行性］和［静态性］这四个语义要素。这一结构中不同语义要素的变异，是形成"着"的不同语法意义和语法形态的基本动因。

关键词：持续体　视点平行移动　拓扑结构　泛时空投射

零　引　言

0.1　选题缘由

认知语言学认为，语言世界和人类的认知世界之间存在着映射关系，任何语言结构的意义都应该而且可能找到其认知上的理据，因此揭示"意义是如何形成的"便成为认知语言学研究的根本任务之一。"对'意义是如何形成的'一类问题

---

* 本研究受教育部人文社会科学重点研究基地重大项目（02JAZJD740020）和北京市重点学科共建项目（XK100320572）经费支持。本文在"第二届全国现代汉语虚词研究与对外汉语教学学术研讨会"（上海，2006 年 3 月 31 日～4 月 2 日）上宣读。

的关注,涉及到语言的心理现实性这一语言研究的根本问题,……本质上是在探讨'人们用怎样的眼光,如何看待外部世界'这一心理特质问题"(张旺熹,2004),因而对各种语言要素和语言结构的研究,本质上是要挖掘其意义是如何形成的,即语言的心理现实性。因此,本文试图以揭示"意义是如何形成的"为基本目标,着重挖掘现代汉语持续体"着"的语义形成机制。

0.2 相关研究综述

动态助词"着"是现代汉语中一个使用频率非常高的虚词,其出现环境的灵活性和多样性使得关于"着"的语法意义和语法功能的研究众说纷纭,至今涉及"着"的研究论文已有上百篇之多。限于篇幅,在此我们只能以较具权威性的几种观点为例,略事陈述:

吕叔湘(1980)认为,"着"是表示动态的助词,紧接动词、形容词之后。动词、形容词和"着"中间不能插入任何成分,其语法意义有:① 表示动作正在进行。② 表示状态的持续。③ 用于存在句,表示以某种姿态存在。④ 动1+着+动2,构成连动式。动1和动2的意义关系可能是方式和行为、手段和目的,也可能是表示动1正在进行中出现动2的动作。⑤ 形+着+数量。⑥ 动/形+着+点儿。用于命令、提醒等。

刘月华等(1983)认为"着"的语法意义是表示动作或状态的持续。

吕文华(1994)从对外汉语教学的角度对动态助词"着"进行了等级切分,指出"着"的教学应分别在不同阶段进行。①"着"表示状态的持续。"着"表示静态是基本用法,常出现在存在句中。②"着"表示动作的持续。③"V+着"用在第二个动词前表示伴随动作。④与"正、在、呢"连用。

邵敬敏(2001)认为"着"用在动词后面,表示动作的进行或状态的持续,也可用在部分单音节形容词后面表示性状的持续。

此外,研究"着"不得不提的还有刘一之(2001)。该书在详细评介了前人的研究成果的基础上,重点考察了北京话口语中"着"的各种用法,得出的结论是"着"是静态的标志,其中的静态包括不发生变化的动作。

回顾以上各家对于"着"的语法意义的表述,我们不难发现,学者们倾向于认为"着"的语法意义是表示进行或持续,这也是大部分学者的观点,如:高名凯(1948)认为"着"表示进行体或绵延体;房玉清(1980)认为"着"是动态助词,表示动作的进行或状态的持续;王力(1984、1985)认为"着"表进行。此外还有陈刚

(1980)、刘宁生(1985)、陈平(1988)、戴耀晶(1994)等。

除了"进行"和"持续"外,还有一部分学者对于"着"的语法意义有其他看法:①"着"表状态,如金奉民(1991)、张黎(1996);②"着"表示起始体、非完成体、完结体、完成体,如孙朝奋(1997);③"着"表情状,如胡鲜树(1990)、费春元(1992);④"着"的核心意义是惯性,如黎天睦(1991);⑤"着"是补语词尾,如木村英树(1983);⑥"着"是多语义、多功能的虚词,如宋金兰(1991);⑦"着"表同时,李铁根(2002)。

以往的研究成果为我们今天的思考奠定了坚实的基础,如:"着"着眼于时段;"着"和"在、正在"在语法意义上不同,其共现受一定的限制;"着"处在不同类型的动词之后其语法意义也有不同。我们特别注意到,朱德熙(1982)认为动词后缀"着"加在动词后头表示动作或变化的持续(已经开始,尚未结束);黄伯荣、廖序东(1991)认为"着"用在动词、形容词后面,表示动作正在进行或状态在持续,即有时表示动作开始后、终结前的进行情况,有时表示动作完成后的存在形态;黎天睦(1991)从标记性理论及汉语动词的整个系统出发,认为"着"的核心意义为惯性;戴耀晶(1997)引入时轴和视点来分析"着"的语法意义,并明确提出"着"的动态/静态二重性,指出"着"的动态/静态二重性与其前面的动词的语义特征有密切关系。这些认识都对本文的研究具有极大的启发。

但是在对相关研究成果进行总结的过程中,我们发现,虽然对"着"的语法意义的描写已相当充分,但是对其语法意义的形成机制解释不足。我们看到,一方面"着"既可以表示动作行为的持续,又可以表示静止状态的持续,它具有动/静矛盾性;另一方面,"着"虽着眼于时段,但是却又能与着眼于时点的"正、在、正在"共现,它具有点/段矛盾性。对于"着"的语法意义为何具有这样的两重矛盾性以及矛盾中对立的意义要素何以得到协调统一,迄今尚未有确切的解释。

0.3 本文的研究目标

本文将以大量的真实语料为基础,对"着"的语法意义重新进行梳理,并从认知语言学的角度出发,以"视点平行移动"来解释其语法意义的形成机制,希望这一新的阐释能为对外汉语语法教学实践提供参考。

本文的研究以实际语料为基础,在约600万字的语料库中,我们共收集到包含动态助词"着"的用例30,000多条,我们从中随机抽取了2000例作为分析对象。我们首先将这2000条用例根据"着"所在的句子①和形式分布进行了细致的分类,然后从"视点平行移动"的角度来挖掘"着"的语法意义的形成机制。

一 "着"的分布及其语法意义

对于"着"的语法意义,我们赞同戴耀晶(1994)的观点,即"着"是持续体的标记,其核心的语法意义是表示动作或状态的持续。持此观点的还有刘月华等(1983)、戴耀晶(1994)、陆俭明(1999)等。

下面我们首先根据"着"所具有的动/静二重性将"着"分为两类:(1)表示动作行为的持续;(2)表示静止状态的持续。然后在这两类之下再根据使用环境的不同以及由此产生的具体的语法意义的差别,对"着"进行进一步的分类、说明②。

1.1 动作行为的持续

在此类中,"着"处于动词之后,其语法意义是表示动作行为的持续。我们根据"动词+着"在句中分布环境的不同,将它们分为若干小类,下面我们来看具体的分析说明。

1.1.1 V着(+宾语)

在这类句子中,"着"前的动词是所在小句中的主要动词,表达的是独立的动作行为的持续。如:

(1) 我注意到有许多天桑塔老爹与阿芭哈在低声<u>谈着</u>什么。

(2) 主任明白杜大叔的心事,<u>帮着</u>解释说:"就是呀,我保证青苗服从您领导,您就答应了吧。"

其中的宾语可能是体词性宾语,如(1),也可能是表示目的的谓词性宾语,如(2)。但是这里的"V着"都表示独立的动作行为在一定时段内的持续。

---

① 这里的句子指"着"所在的小句而非整个句子。
② 祈使句作为独立句式虽有其特殊性,但其中"着"的语法意义并不特殊,仍表示动作或状态的持续,因此本文不对其单独分析(参看袁毓林,1992)。中动句的"V着A"结构(如:看着挺机灵)在2000条用例中仅有5条,我们认为和"起来"相比,"着"用于中动句中的语法化程度尚不充分,不具典型性,因此本文暂不作讨论。

1.1.2 V_1着V_1着+$V(P)_2$

这类结构表示$V(P)_2$的出现中断了V_1的持续,而且$V(P)_2$的出现往往是出乎意料的。如:

(3) 新郎官跟他的妻子<u>讲着讲着</u>,好半天没见船动,他看看表,发言了:"老天,十二点都过了。"

(4) 我和小伙子都不吱声了,小土房里光听见她的哭声,<u>听着听着</u>,我突然想起尾亚那两个姑娘。

以上例句中,$V(P)_2$的发生都有些意外性。在(3)和(4)中,我们都可以通过上下文发现明确表达这种意外性的标志语,即(3)中的"老天,十二点都过了"和(4)中的"突然"。

1.1.3 V_1着+$V(P)_2$

这种结构表示持续的V_1为$V(P)_2$的伴随方式,整个结构为状中关系。如:

(5) 孩子对自己父母极不负责的誓言,让孙广才回到屋中后坐立不安,他<u>搓着手</u>来回走动,自言自语:……

(6) 贾母等正<u>围着宝玉</u>哭时,只见宝玉睁开眼说道:"从今以后,我可不在你家了!快收拾了,打发我走罢。"

在这两个例句中,$V(P)_1$"搓着手"和"围着宝玉"分别描写了$V(P)_2$"走动"和"哭"的方式,"着"的语法意义仍是表示动作的持续。①

1.2 静止状态的持续

除了可以表示动作行为的持续外,"着"还可以表示独立或非独立的静止状态的持续。表达这重语法意义的"着"从分布上来说有两种,一种是出现在存在句中,另一种是位于形容词的后面。

1.2.1 存在句

"着"最重要的用法之一就是用于存在句中,表示某物以某种状态存在于某处。如:

---

① 当此结构中的动词为"说"而形成"说着+$V(P)_2$"时,可能造成伴随方式或动作行为中断的歧解,如:"山岗说着走到那条小狗近旁。"

(7) 前院堆着谷垛，姐妹俩在铡谷秸。

(8) 阿芭哈端坐在车上，头上罩着一块黑纱。

"存在句"的句式意义是表示一种静止状态的存在，这种静止状态的存在由于稳定性较强因而更容易具备持续性，这与"着"核心的语法意义有极强的匹配性。我们认为，存在句式赋予整个句子存在的意义，句中的动词则将状态的存在方式具体化，"着"在存在句中的意义在于指明这种方式的存在不是瞬间的，而是持续的。

1.2.2 Adj 着

形容词本身是描写性质状态的，因此形容词带"着"表示某种静止状态的持续存在。如：

(9) 那时黑着灯，看不见她的模样。

(10) 小豹子红着脸，独自笑个不停。

与存在句中仍使用动词相比，形容词的动态性则完全被抽离，静态性更为凸显。

1.3 小 结

通过以上对多种分布环境中"着"的语法意义的考察，我们相信"着"核心的语法意义是表示持续，"着"是持续体的标记。当"着"位于动词后时，它表示的是独立或非独立的动作行为的持续；当"着"位于存在句中或形容词后时，它表示的是静止状态的持续。我们对2000例"着"的分布统计如下：

语法意义	动作行为的持续			静止状态的持续		总计
分布环境	V着(+宾语)	V_1着V_1着+V(P)$_2$	V(P)$_1$着+V(P)$_2$	存在句	Adj+着	总计
数量	1058	159	518	192	73	2000
比例	52.90%	7.95%	25.9%	9.60%	3.65%	100%
总计	1735(86.75%)			265(13.25%)		2000(100%)

以上"着"的两类基本用法和多重分布体现出"着"的语法意义的矛盾性和丰富性。"着"的语法意义的矛盾性体现在以下两个方面：①动/静二重性。一方面"着"既可以处于动词之后表示动作行为的持续，又可以处于存在句中或形容词之后表示静止状态的持续；另一方面，"着"既可以处于动态动词之后表示动态动作行为的持续，也可以处于静态动词后表示静态动作行为的持续，只不过前者是

一种不均质的持续,后者是一种均质的持续;②点/段二重性(参看肖奚强,2002)。在对语料的分析中,我们发现,着眼于时段的"着"可以与着眼于时点的"正、在、正在"共现,如(1)和(6),即"着"具有点/段二重性。"着"的语法意义所具有的丰富性,体现为即使在表示动作行为的持续时,"V着"结构的意义还分为独立性、伴随性和持续性中断三种形态,它们显然有共同的语法意义要素,但在语义上又存在显著的差别。

认知语言学的基本任务之一是要挖掘语言的心理现实性,它关注"意义是如何形成的"这一核心问题。下面,我们将从视点结构的角度切入,着重挖掘"着"的语义形成机制,解释其意义的丰富性与矛盾性。

二 视点平行移动的典型结构与独立的"V着"结构

2.1 时体结构的两种视点

我们知道,动作行为的体范畴一方面取决于事件形态本身,另一方面也取决于语言使用者对事件形态的观察方式,也就是我们常说的视点。观察者从外部来观察事件即为"外部视点",从内部来观察事件即为"内部视点"。人类观察事件时所采取的视点不同,在语言结构中也必然会有不同的表现。很多学者都指出,动态助词"了"和"过"体现的是外部视点,而"着"体现的则是内部视点,如戴耀晶(1997)、陈前瑞(2003)等。内部视点"把事件当作可分解的结构体来观察分析。一个事件的内部结构至少包含起始点(inception)、终结点(termination)和两点之间的持续过程(duration),内部观察法只观察其中的一个部分,由此得到的意义是非完整体意义(imperfective)"(戴耀晶,1997)。我们认为,对于"着"而言,仅用"内部视点"还无法透彻解释"着"的语法意义所包含的丰富要素和矛盾特征。因此,我们拟以"内部视点"为基础,从视点平行移动的角度着力挖掘"着"的语法意义的形成机制。

2.2 视点平行移动结构与独立的"V着"的意义

任何动作行为都要占据一定的时间,因而都具有时间结构。这种时间结构可以分为外部时间结构和内部时间结构。外部时间结构是指相对于某个外部的时间参照点而言该动作行为发生在过去、现在还是将来,内部时间结构则包括动作行为的起始点、终结点和两点之间的续段。

我们认为,当观察者将视点置于动作行为的内部,对动作行为的续段进行观察时,会有两种不同的方式:一种是视点固定,动作行为沿时轴展开,穿过观察者的视点;另一种是视点不固定,视点随动作行为的展开而同步平行移动。我们认为,后一种观察方式即为我们所要讨论的视点平行移动结构,它正是"着"的语法意义赖以形成的内在机制。在具象时空域的参照下,动作行为沿时间轴展开的进程与观察者视点的移动是同步的、平行的;而且在这种平行移动的结构中,观察者的视点只关注于这个续段上的动作行为在每一个瞬间时点上推进,因而续段的起点和终点被忽略。这种视点平行移动的结构如图1所示:

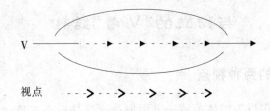

图1

图中 ⟶ 表示时间轴,未封闭的圆表示一个没有动作起点和终点的续段,圆内的 ⇢ 代表动作行为在每一时点的推进,圆外的 ⇢ 代表观察者的视点,它随动作行为的推进而同步平行移动。这一图式代表了视点平行移动的典型结构形态,它是独立的"V着"结构的意义形成的基础。

当观察者对事件进行观察时,所能得到的最简单的、最常见的场景就是独立的、单一动作行为的展开,即整个观察过程中只有一个动作行为发生。这时,观察视点与这一独立的动作行为同步平行移动。在这一平行移动结构中,观察者的视点是以缺省的、无标记的方式存在的。它是独立的"V着(+宾语)"结构意义形成的认知基础,完整地体现了"着"所表示的"动作行为的持续"这一核心语法意义的心理现实性。如:

(11) 父亲独自<u>包着</u>素馅的饺子。

(12) 赵双环接过米糕,一动不动地<u>站着</u>。

在(11)中,"包(饺子)"是主要动词,表达一个独立的动作行为。当该动作行为随时间的流动在时间轴上展开时,观察者的视点与"包"这一动作行为的展开同时平行移动,而且"包(饺子)"这一动作行为何时开始、何时结束并不为人们所关注。这样,对于观察者来说,就得到了一个持续的动作行为,这种"持续"的意义是由"着"来体现的。在(12)中,"站"是主要动词,当"站"这一动作在时间轴上展开时,观察者的视点随之平行移动,并且忽视了它的起点和终点,这样在观察者的心理层面上,"站"也成为一个持续的动作行为。

我们认为,在视点平行移动的过程中,如果观察者在每一瞬间时点上得到的情状是不同的,那么平行移动的动态性相对显著,它在语言中体现为"动态动词＋'着'",如(11)中的"包(饺子)";如果观察者在每一瞬间时点上得到的情状是相同的,那么平行移动的静态性相对显著,它在语言中体现为"静态动词＋'着'",如(12)中的姿态动词"站"。此类动词还有"蹲、坐、弯、背"等。

2.3 视点平行移动结构所包含的基本语义要素

人们观察外部世界的方式决定着人们的语言表达方式。当观察者对一个处于具象时间域内的动作行为进行观察时,如果观察者忽略了动作行为的起始点和终结点而仅仅关注于动作行为展开而形成的部分续段,那么观察者的视点就会随着动作行为在每一瞬间时点的推进而平行移动。这种视点平行移动的观察方式投射到语言中,便赋予"着"以"持续"的语法意义。换句话说,"着"之所以具有"持续"的语法意义,是源于这种视点平行移动的观察方式。

从图1可以看到,视点平行移动的典型结构,仅涉及视点和单一动作行为的展开,即观察者的视点与单一动作行为同时平行移动,同步推进。它投射在语言中,便形成"V着(＋宾语)"结构,表示独立的动作行为的持续。我们认为,典型的视点平行移动结构包含了如下两对基本的意义要素——[移动性]和[瞬间性]、[平行性]和[静态性]。下面我们略加说明:

[移动性]:平行移动作为一种运动,是以动作行为在时间轴上的推进为基本属性的,它包含有明显的[移动性]特征。

[瞬间性]:平行移动本身所具有的[移动性],必然蕴涵着动作行为所形成的续段是以一个一个的瞬间时点的推进为基础的特征,因而具有[瞬间性]。

[平行性]:平行移动的最基本特征在于观察视点与动作行为的展开同步推进、平行移动,它必然造成动作行为随时间展开而形成的续段与观察者视点移动

所形成的续段之间的平行性。

　　[静态性]：视点平行移动结构，内蕴着多方面的[静态性]。具体内容下文4.1阐述。

　　上述两对基本语义特征，是造成"着"的语法意义的丰富性和矛盾性的根本原因所在。[移动性]使"着"得以表达动作行为的持续，并且它是[瞬间性]得以产生的基础，而[瞬间性]使"着"得以与着眼于时点的"正、在、正在"共现；[平行性]使移动中体现出相对静止的关系，造成"着"偏重于表现[静态性]的特征。① 我们认为，在视点平行移动结构中，[移动性]是[瞬间性]赖以存在的基础，[平行性]是[静态性]赖以存在的基础，它们的变化，共同构成了"V着"结构意义变异的条件。

三　视点平行移动的拓扑形式与非独立的"V着"结构

　　视点与单一动作行为平行移动构成最典型、最基本的观察方式，但真实世界中的事件往往会发生两个或多个动作相互关联或相互参照的情形。在这种情形下，视点平行移动的典型结构会发生不同形式的拓扑变化，从而导致"V着"结构从独立使用变异为非独立使用，其语法意义也随之发生改变。

3.1　[移动性]凸显与"V_1着V_1着＋$V(P)_2$"结构

　　我们知道，物体无论处于静止状态还是运动状态都具有惯性。上文指出，视点平行移动结构中最基本的要素之一是[移动性]，它蕴涵着观察者的视点随动作行为的展开而向前推进，因此视点平行移动结构也具备惯性。如果动作行为的推进因外在力量的介入而被迫中断，视点平行移动结构所具备的惯性就会体现出来，这时，[移动性]因惯性而得到凸显，[移动性]越强，惯性便越大。我们把这种场景描述为典型的视点平行移动结构的一种拓扑形式，如图2所示：

---

　　① 据统计，在1058条独立的"V着"用例中，V为动态动词的有420例，V为静态动词的则有638例。另外，还有相当数量的静止状态句存在。

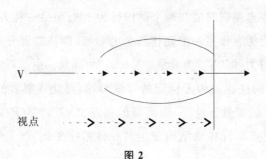

图 2

图 2 和图 1 的共同要素代表的意义是相同的,唯一不同的是 V 在推进的过程中被迫中断,视点和动作行为的[移动性]也随之中断而形成惯性。

这种事件框架下的视点平行移动结构投射到语言中,便形成"V_1 着 V_1 着+$V(P)_2$"结构。视点和动作行为的平行移动产生了"着"的"持续体"的语法意义,而"V_1 着 V_1 着"的复用形式蕴涵着动作行为[移动性]的增强,而"$V(P)_2$"的出现强行中断了"V_1 着"展开的进程,从而形成黎天睦(1991)所说的惯性,从这个角度说,"V_1 着 V_1 着+$V(P)_2$"结构中 $V(P)_2$ 的发生常常具有出乎意料的特征就很好理解了。如:

(13) 一位女护士<u>看着看着</u>昏倒在地。
(14) 我在田里干活,他坐在田埂上玩,<u>玩着玩着</u>突然问我:……

在(13)中,"看着看着"以重叠形式表达了动作的反复进行,"昏倒"这一动作行为的出现则导致了"看"的意外中断,也就是说,在视点和"看"这一动作行为的展开平行移动的过程中,平行移动被"昏倒"这一动作的发生打断。(14)也是同样的道理。

我们认为,当视点与动作行为的展开平行移动、同步推进时,如果突然发生后续动作 V_2,"V_1"会被迫中断。这时,平行移动结构中的[移动性]会因惯性的存在而得到凸显。反过来说,"V_1 着 V_1 着"的复用是为了加大[移动性]的强度,反衬因"$V(P)_2$"的突然出现而形成的惯性。

3.2 [平行性]凸显与"V_1 着+$V(P)_2$"结构

世间的动作行为事件并不总是前后相继发生,而往往存在多个动作行为同时发生的情形。这时,观察者可能会采取两种观察方式:一种方式是,以某个参照时间为背景而将两个动作行为都放在前景的位置,这时观察者同时关注两个动作行为,这样,视点便同时放在两个动作行为上①;而另一种方式是,观察者将其中的一个动作行为看作另一个动作行为的参照,即将二者分别看作背景动作行为和前景动作行为,即"V₁"为背景,"V(P)₂"为前景。由于观察者在观察外部世界时,其说话时间往往成为无标记的背景参照,因此观察者的视点和"V₁"便共同构成"V(P)₂"的背景。这样,说话者的视点、"V₁"、"V(P)₂"三者同步平行移动,这就使得视点平行移动结构发生另一种拓扑变化——[平行性]凸显,如图3所示:

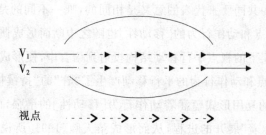

图 3

图3和图1的不同在于,在整个视点平行移动结构中多了一个要素——V₂。在这个结构中,因作为前景的V₂的出现,视点和V₁便共同构成了平行于它的背景要素,[平行性]得到了凸显。我们认为,这种拓扑结构映射到汉语结构系统中,便是"V₁着+V(P)₂"。其中V₁作为V(P)₂的背景,描写的是V(P)₂的伴随方式。如:

(15) 有一次我躺在田埂上发烧,队长说我是装病,<u>吆喝着跑过来赶我下田</u>。

(16) 她一直走到他身旁,她<u>皱着眉头看着他</u>,似乎是在看着一件叫她烦恼的事。

(15)中"吆喝着"描写的是"跑"的伴随方式,观察者的视点随"吆喝"的推进与"跑"同步平行移动,视点和"吆喝"的移动进程构成"跑"的背景。(16)与(15)略有不同的是,"V₁"和"V(P)₂"后均有"着",这更加说明,在视点随V₁"皱"的推进平行移动的同时,V₂"看"也在和V₁"皱"同步平行移动,即视点、V₁、V₂三者

---

① 我们认为,这可能是某些可以带动词性结构的关联格式的视点结构,如:一边……一边……。

同时平行移动。这种形式更加体现了视点平行移动结构中的[平行性]意义。

3.3 小 结

视点平行移动结构在不同的事件框架下会形成不同的拓扑变异,导致"V着"产生不同的语法意义。具象时空域内,对独立的、单一动作行为的观察方式是最为典型的视点平行移动结构,而当这种典型结构内部发生变化时,投射到语言中的结构也会相应地发生变化。具体来说,当视点平行移动结构中涉及先后相继发生的两个动作行为时,会加大[移动性]以反衬因"V_2"的突然发生而使"V_1"被迫中断,从而形成巨大的惯性,"V_1着V_1着+V(P)$_2$"结构的意义来源于此。当视点平行移动结构中涉及同时发生的两个动作时,则视点、"V_1"和"V(P)$_2$"三者同步平行移动,相互参照,[平行性]得以凸显,"V_1着+V(P)$_2$"结构的意义由此产生。

四 视点平行移动结构的泛时空投射与静止状态句

4.1 视点平行移动结构的泛时空投射

我们认为,物体的运动一般而言是以具象的时空背景为参照的,因为具象的时空背景容易使人建立起运动的参照坐标,从而发现、感知物体的细微运动变化。从这个角度说,具象的时空背景是人类感知运动变化的基本前提。我们认为,视点平行移动结构的典型形式及其拓扑结构,反映的都是具象时空背景下的运动情状,因而我们所看到的独立和非独立的"V着"结构,也就都是表现动作行为的意义。

摆在我们面前的一个重要的语言事实是,"V着"结构除了表现动作行为的持续之外,还有相当一部分用于表现静止状态的意义。这其中的道理是值得我们认真思考的。

我们认为,人类在具象的时空域内观照的是动态的动作行为,而在一个更为广大的泛时空域内,当这种时空域超越了人类所能感知的跨度时,任何运动的动态性都会相应减弱甚至消失。正如天上的飞机无疑是运动的,但是在以无边的天空作背景时,它的动态性会被极大地削弱,我们从而会用"天上有一架飞机"来将"飞机"作为静止的存在状态来描写；再如龙门石窟中的佛像实际上是处于不断被风化的状态,但是由于这种风化的进程超越了我们人类个体所能感知到的时间跨度,因而也往往被看作是静止不变的。从这个角度说,相对静止的存在状态,本质上是动作行为被抽离了具象的时空背景因素的结果。我们说,"他是学生"是一个静止关系句,而在绝对意义上说,"他是学生"总是有一个时间和空间的范围限定的,只是我们把这个时间和空间参照因素抽离出去而已。

当我们思考清楚时空参照因素在静止状态和静止关系的形成中所起的作用时,如果再来认识"V着"结构从动态的动作行为到静止状态的意义变化,我们的思路就清晰了许多。我们认为,当视点平行移动结构从具象的时空域整体投射到泛时空域时,结构本身内蕴的[动态性]便会减弱甚至消失,而其中所包含的[静态性]便会得到增强。换句话说,当一个具象时空域内的动态性结构被整体投射到泛时空域内时,[动态性]会因具象时空参照的消失而呈现出整体上的[静态性]。"V着"结构从动态的动作行为到静止状态的意义变化,就应当来源于这种结构从具象时空域到泛时空域的投射。如图4所示：

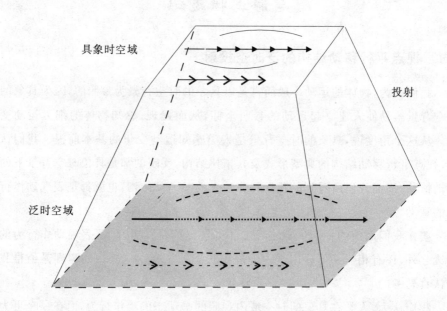

图4

图4表示具象时空域下的平行移动视点结构在泛时空域内的投射,这种投

射构成了"着"用于存在句中和形容词后表示静止状态的持续的认知机制。

　　视点平行移动结构之所以会发生这种从具象时空域到泛时空域的投射,我们认为与其结构本身所固有的[静态性]特征密切相关。这种[静态性]表现在多个方面:首先,上文已经指出,在平行移动的每一瞬间时点上,观察者所观察到的情状如果都是相同的,那么它就会产生相对静止的效果,如"姿势动词＋'着'"就是如此;第二,在观察者视点的移动与动作行为的推进同步平行推进的过程中,会形成一种相对静止的关系,这就好比两辆平行且同向同速行驶的汽车,在运动中处于相对静止的关系;第三,也是最为重要的一点就是,在这一结构中,动作行为的推进虽然具有具象的时空背景,但观察者却不关注动作行为的起点和终点。从有界/无界的角度看,由于观察者不关注动作行为的起始点和终结点,因而视点和动作行为的平行移动也就是无界的,而无界的情状通常被认为是静止的。一个动作行为如果没有起点和终点的参照,那么它原本所有的具象时空背景就会被抽离,[动态性]逐渐减弱而失去被感知的可能,[静态性]由此增强。

　　视点平行移动结构本身所包含的上述三方面[静态性]特征使得该结构具有很强的向静止状态情状发生偏离的可能;而当视点平行移动结构被置于泛时空背景当中,且这种泛时空跨度又超越了人们一般的感知能力时,其内部所蕴含着的[静态性]就会与外部泛时空背景所赋予的[静态性]叠加,从而使这一结构的[静态性]特征得以凸显。我们认为,视点平行移动结构所具有的[静态性]特征投射到语言结构中时,"着"用于存在句中和形容词后构成静止状态持续的意义也就产生了。

4.2　静止状态句的语法意义

　　如前所述,"静止状态句"包含"存在句"和"Adj着"两种结构。"存在句"的句式意义是表示某物以某种方式存在于某处,句式赋予整个句子以"存在"的意义,句中的动词则将状态的存在方式具体化。我们认为,"存在句"与"着"的匹配可以主要从以下三方面来认识:第一,"存在句"的句式意义表明,这种句子表现的是一种存在状态,而状态是抽离了起点/终点的结果,因而具有[静态性];第二,存在句形式上表现为"处所名词＋动词(着)＋普通名词",在无标记的情况下存在句抽离了时间性,缺省了时间参照点,没有参照自然就没有运动,因而呈现为静止状态;第三,存在句中句首处所名词的低[生命度]特征及其空间大量特征,也都抑制了"V着"句中动词的[动态性]特征。如:

(17) 柜台上放着一盆麦麸子做的大酱。

(18) 李小龙一抬头,看见天上飞着一只东西。

例(17)中的"柜台"和"(一盆)大酱"所构成的静态存在关系,显然是抽离了具象时空参照点(起点/终点)的结果,因为它们之间不是自然天成也非永恒不变,可是我们并不在意这种存在关系的起点或终点;例(18)中的"天上"和"(一只)东西"的相对静态的存现关系,也是人们在较大的空间背景下把运动着的存在物看成是一种相对静止的状态的结果。

如果说,动词的使用使"存在句"多少还蕴含有某些时间性因素的话,那么"Adj 着"的时间性则彻底地被抽离干净,呈现出完全静止的性质状态,如:

(19) 男孩此刻铁青着脸,他一声不吭地往前走。

(20) 我也不服,嘴一直硬着,四肢瘫软一脸精湿地躺在土地上,仰望蓝天,心想:这日子没法儿过了。

例(19)中,"铁青"是状态形容词,其时间性特征被完全抽离。"铁青着(脸)"以无界的时间域为背景,描写的是某种静止状态的持续,而并不关注状态的起点/终点,其[静态性]更强。(20)也是同样的道理。

我们把表示静止状态持续的"Adj 着"结构看作是"V 着"结构在性质空间域内进一步投射的结果。

4.3 小 结

从动态的"V 着"结构到静态的存在句或"Adj 着"结构的变化,是视点平行移动结构从具象时空域投射至泛时空域的结果。在具象时空域内,视点平行移动结构本身在保有凸显的[动态性]的同时,还蕴含着多重[静态性]。当视点平行移动结构从具象时空域投射至更为广大的泛时空域时,支撑[动态性]的时空背景要素被逐渐抽离,结构本有的[动态性]被逐渐减弱,而其[静态性]逐步得以充分凸显。而正是这种[静态性]的凸显,使得"V 着"结构在泛时空域下形成了存在句和"Adj 着"结构,这是"V 着"结构本身的[静态性]与存在句/性质状态所要求的[静态性]两相契合的结果。总之,"V 着"结构之所以能表达静止状态持续的意义,根本上源于视点平行移动结构中的多重[静态性]特征。

五 总 结

5.1 视点平行移动结构与"着"的两重矛盾性

人们观察客观世界时采用的方式决定了人们的语言表达方式以及语言结构的意义,平行移动的视点结构是动态助词"着"的语法意义的认知动因,它可以帮助我们认识"着"的两重矛盾性。

5.1.1 "着"的动/静二重性矛盾

平行移动具有动态性和静态性双重属性。在具象的时空域内,平行移动首先是动态的。这种动态性使"着"可以表达独立或非独立的动态行为的持续。但是,在平行移动的过程中,如果每一瞬间时点上观察者得到的情状都是相同的,那么就会造成相对静止的效果,这使得"着"可以表达独立或非独立的静态行为的持续。具象时空域下的视点平行移动是典型的视点平行移动方式,它映射在语言中,形成了"着"的一重语法意义,即在动词之后,表示独立或非独立的动作行为的持续。当具象时空域内的视点平行移动结构投射至更广阔的泛时空域时,平行移动的动态性减弱,静态性得以凸显,平行移动呈现为一种静止的状态。这种泛时空域下的平行移动映射在语言中,形成了"着"的另一重语法意义,即在存在句中和形容词后表示静止状态的持续。这样我们便找到了"着"的语法意义所具有的动/静二重性产生的根源。

5.1.2 "着"的点/段二重性

此外,视点平行移动结构还帮助我们认识"着"与"正、在、正在"的共现问题。

我们知道,时段是由一个一个的瞬间时点组成的,平行移动是以一个一个的瞬间运动的推进为基础而产生的,这其中内含的[瞬间性]正是"着"和"正、在、正在"可以共现的认知基础。"正、在、正在"都和某个外部时间参照点相关,如果说"着"描写的是动作或状态在一个时段内的持续,那么当它和"正、在、正在"共现的时候,侧重展现的是在同时于参照时间的某一时点上动作或状态的情状。如果我们把"着"的视点结构比作是对某个动作或状态的内部时间进程的录像,则"正、在、正在"的视点结构是对该时间进程的瞬间抓拍。对于"正、在、正在"和"着"共现时的视点结构如图5所示:

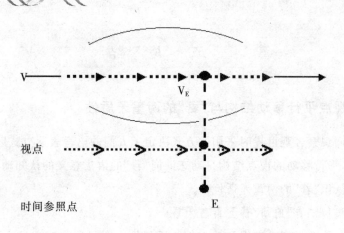

图 5

图中 E 点代表"正、在、正在"所对应的外部时间参照点,V_E 即代表观察者在该时间参照点下瞬间截取的动作或状态的情状。总之,着眼于时点的"正、在、正在"之所以能和着眼于时段的"着"共现,根本的原因就在于"着"所体现的平行移动的视点结构所内蕴的[瞬间性]。而这种[瞬间性]的凸显恰恰是与"正、在、正在"所体现的视点结构相吻合的。

5.2 视点平行移动结构系统与"着"的分布

视点平行移动结构在不同事件框架下形成一种拓扑关系,即在某些要素改变的情况下保持了本质固有的基本特性,这种特性就是视点的平行移动。

具象时空域内对单一动作行为的观察方式是典型的视点平行移动结构,这时平行移动的[平行性]和[移动性]都处于无标记的状态下,显著性均等。这种视点平行移动结构在语言中对应于"V 着(+宾语)",其典型性也体现在其使用的高频率上。当事件框架内包含先后发生的两个动作时,后续动作 V_2 的出现使视点和动作 V_1 的平行移动被打断,此时[移动性]得到了凸显,这种视点结构在语言中对应于"V_1 着 V_1 着+V(P)$_2$"。当事件框架内包含两个同时发生的动作时,视点随 V_1 的推进平行移动,且共同成为 V_2 的背景,平行移动和 V_2 互为参照,此时[平行性]得到了凸显,这种事件框架下的视点结构在语言中对应于状中结构的"V_1 着+V(P)$_2$"。这两种事件框架下的视点结构中,[平行性]与[移动性]都成为有标记的因素。

具象时空域下的视点平行移动投射到泛时空域内时,动态性削弱,结构整体的静态性增强,因此泛时空域下的视点平行移动对应于语言中的存在句。至于"Adj 着",时间性被完全抽离,呈现为完全的静态性。

最后,我们把形成"着"的视点平行移动结构系统图示如下:

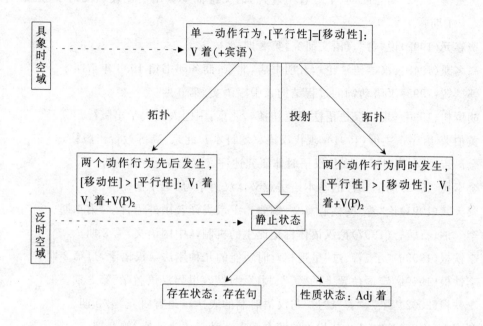

图 6

参考文献

Comrie, B (1976) *Aspect*. Cambridge: Cambridge University Press.

Smith, C (1991) *The parameter of aspect*. Dordrecht: Kluwer Academic Publishers.

陈　刚(1980)试论"着"的用法及其与英语进行式的比较,《中国语文》第 1 期。

陈　平(1988)论现代汉语时间系统的三元结构,《中国语文》第 6 期。

陈前瑞(2003)汉语体貌系统研究,华中师范大学博士学位论文。

戴耀晶(1994)现代汉语持续体"着"的语义分析,《九十年代的语法思考》,北京:北京语言学院出版社。

戴耀晶(1997)《现代汉语时体系统研究》,杭州:浙江教育出版社。

方　梅(2000)从"V 着"看汉语不完全体的功能特征,《语法研究和探索》(九),北京：商务印书馆。

房玉清(1980)从外国学生的病句看现代汉语的动态范畴,《语言教学与研究》第3期。

房玉清(1992)动态助词"了""着""过"的语义特征及其用法比较,《汉语学习》第1期。

费春元(1992)说"着",《语文研究》第2期。

高名凯(1948)《汉语语法论》,开明书店,北京：商务印书馆1986年重印本。

郭　锐(1993)汉语动词的过程结构,《中国语文》第6期。

胡鲜树(1990)《现代汉语语法理论初探》,北京：中国人民大学出版社。

黄伯荣　廖序东主编(1991)《现代汉语》(增订本),北京：高等教育出版社。

金昌吉　张小萌(1998)现代汉语时体研究述评,《汉语学习》第4期。

金奉民(1991)助词"着"的基本语法意义,《汉语学习》第4期。

黎天睦(1991)论"着"的核心意义(摘要),王宗炎译,《国外语言学》第1期。

李　讷、石毓智(1997)论汉语体标记诞生的机制,《中国语文》第2期。

李铁根(1999a)"了、着、过"呈现相对时功能的几种用法,《汉语学习》第2期。

李铁根(1999b)定语位置上的"了"、"着"、"过",《世界汉语教学》第3期。

李铁根(2002)"了"、"着"、"过"与汉语时制的表达,《语言研究》第3期。

刘宁生(1985)论"着"及其相关的两个动态范畴,《语言研究》第2期。

刘一之(2001)《北京话中的"着(·zhē)"字新探》,北京：北京大学出版社。

刘月华等(1983)《实用现代汉语语法》,北京：外语教学与研究出版社。

陆俭明(1999)"着(·zhē)"字补议,《中国语文》第5期。

吕叔湘主编(1980)《现代汉语八百词》(增订本),北京：商务印书馆。

吕文华(1994)《对外汉语教学语法探索》,北京：语文出版社。

木村英树(1983)关于补语性词尾"着/zhe"和"了/le",《语文研究》第2期。

邵敬敏主编(2001)《现代汉语通论》,上海：上海教育出版社。

宋金兰(1991)汉语助词"了"、"着"与阿尔泰诸语言的关系,《民族语文》第6期。

孙朝奋(1997)再论助词"着"的用法及其来源,《中国语文》第2期。

万　波(1996)现代汉语体范畴研究评述,《江西师范大学学报》第1期。

王　力(1984)《王力文集》(第一卷),济南：山东教育出版社。

王　力(1985)《王力文集》(第二卷),济南：山东教育出版社。

肖奚强(2002)"正(在)、在"与"着"功能比较研究,《语言研究》第4期。

袁毓林(1992)祈使句式"V+着!"分析,《世界汉语教学》第4期。
张 黎(1996)"着"的语义分布及其语法意义,《语文研究》第1期。
张旺熹(2004)汉语句法的认知结构研究,上海师范大学博士学位论文。
朱德熙(1982)《语法讲义》,北京:商务印书馆。

附录 2

从词汇研究到语法研究*

我应邀参加此次活动,一是来表示对研究生会工作的支持,二是来表示对研究生学术节的祝贺。在此,我想把自己语法研究包括词汇研究的心得作一个小结,希望能对大家今后的语法研究和词汇研究提供一些参考和帮助。

从词汇研究到语法研究,这个题目实际上是想把词汇研究和语法研究结合起来。词汇研究和语法研究本来是语言学的两个研究门类,我以前是做词汇的,现在转向做语法研究。这么多年来感受最深的是,在研究语法的过程中,如果能把词汇和语法结合起来,我们就能够对汉语的语法机制有一些新的体会和认识。

一 词汇和语法相结合的研究趋势

我们知道,在语言系统中存在着三个子系统:语音、词汇、语法。在此,我们只强调和讨论词汇系统和语法系统。因为词汇系统和语法系统在我看来都属于意义的层面,而语音系统主要属于语音的层面,基本是外在的东西,所以在此我们暂不讨论。

在语言系统中,人们通常将词汇和语法看成是两个独立的系统。词汇学主要研究词的类聚关系、词义的演变、词的文化内涵、构词法、造词法等等(构词法和造词法其实也属于语法关系),而语法学主要研究语言的结构规则,关注何为主语、宾语,何为施事、受事,解释语法形式和语法意义的对应和不对应的关系等

---

* 此文根据笔者 2005 年 4 月 13 日在北京语言大学首届研究生学术节导师论坛所作演讲的录音整理而成。

附录2 从词汇研究到语法研究

等。从目前的研究现状来看,两种研究彼此的关联性不大。

而从语言的结构系统来看,存在着聚合关系和组合关系,它们在纵向和横向两个维度构成了语言的语义系统。因此,从这个角度看,从根本上说,我们认为,语法研究和词汇研究都是在进行意义的研究。所以,我在研究汉语语法时一直坚持以意义为中心。我自认为是一个语义中心论者,我始终认为,意义是语法研究最核心的问题,也是我所关注的最核心的问题。我以前及新近的研究总体上说都是围绕着意义而展开的,因此,我非常关注语言系统中词汇单位的意义以及它们彼此之间的关系——也就是语法的意义。

长期以来,词汇研究和语法研究总体上说基本处于相对分离的状态,它们彼此结合得并不是很紧密,而两者各自的关注点也很不相同。词汇研究关注词的聚合关系、构词法等等。而语法研究关注的是完全不同的问题,如动词的配价、语义指向等等。好在20世纪末以来,在世界范围内出现了一个很好的趋势,人们开始越来越关注词汇和语法之间的互动关系,把词汇和语法结合起来进行研究已经出现了良好的态势。北京语言文化大学出版社1999年出版了香港城市大学郑定欧先生的专著《词汇语法理论与汉语句法研究》,该书系统地介绍了法国词汇语法学派把词汇和语法结合起来进行语言研究的思想方法。法国巴黎第七大学的格罗斯教授是词汇语法学派的创始人,2000年曾应邀来我校做学术讲座,他所创立的词汇语法理论(Lexique-Grammair),就是将词汇和语法结合起来进行研究的一种范式。美国近年来出现的词汇语法理论(Lexical Grammar),创始人Beth Levin教授提倡研究词汇意义和语法意义如何互动。新近兴起的构式语法理论(Construction Grammar)也在很大程度上关注词汇与语法的互动关系。

目前在我国还不甚流行、还不太为人所知的框架语义学(Frame-Semantics),从某种程度上讲,也是在讲词汇和语法之间的互动关系。框架语义学认为,意义的形成在很大程度上是基于一种认知框架,认知框架所激活的是整体意义,整体意义制约对词汇意义的解读。如"他跑100米"和"他跑101米",从语法结构上看是完全一样的,但二者所激活的意义框架是截然不同的:"跑100米"人们首先想到的是一个体育运动项目,因为它激活的是体育运动的认知框架;而"跑101米"所激活的只能是一个普通的、偶然的事件的认知框架。这两个句子所激活的是完全不同的语义类别,主要是因为"100米"和"101米"这两个词语的意义所处的认知框架不同,从而对这两个句式的意义理解造成影响。从这个角度说,词汇对于语法的影响是不难理解的。

我个人认为,在语言系统中,词汇系统和语法系统都是意义系统,二者构成了语言系统纵向和横向的关联。这种关联在人们的研究中,以前被人为地分离开来,现在,越来越多的研究者意识到,这种分离研究的前景并不看好,应将两者很好地结合起来进行研究。目前,在汉语语言学界,这样的研究趋势已经出现。

从词汇研究到语法研究,也是我个人十多年来从事现代汉语研究的一个小结。我起初学习和研究汉语词汇,特别是研究词汇的文化含义。我的硕士论文写的是汉语色彩词的象征意义和文化内涵。参加对外汉语教学工作后,发现词汇和语法在语义上可以关联起来做,所以后来就开始将语法和词汇结合起来进行研究。在我的语法研究中,许多工夫都花在对语法关系中的词汇项目的统计和分析上,这样做本身就是想找词汇特征与语法特征之间的互动关系,当然这样的研究路线也是逐渐清晰和明确的。

二 词汇特征与语法关联的特征和谐

2.1 词汇作为结点所具有的特征

刚才讲到,语言系统是一个由纵向的聚合关系和横向的组合关系所构成的语义网络系统。在这个网络系统中,我们认为,词汇单位是结点,语法在本质上讲就是由结点和结点构筑起来的关系。

认知语言学中的范畴化,是指人类所面对的外部世界是大致相同的,但不同的语言系统对外部世界的描述并不完全一致。某一现象在甲语言中被范畴化为一种类别,而在乙语言中却未必被范畴化,或是被范畴化为另外一个类别。本质上讲,语言作为网络系统就像一张地图,地球是相同的,但是不同语言在地球上所画的经线和纬线却并不完全相同,各个语言最后所得到的范畴系统也是不完全相同的。我们认为,不同的语言有不同的范畴化模式,它在语言上的客观表现就是,不同语言的词汇单位的结点并不相同,由此所带来的语法关系也不完全相同。

我们知道,语言系统中最基本的意义载体是大量的词语单位。词汇是一个开放系统,处于不断地更新与变动之中,具体有多少词汇不得而知。一个词汇单位本质上说就是一个意义单位。十多年来,汉语语法研究的重点之一是做词类的划分,追求给词的语法特征和功能特征归类。面对成千上万的词,我们想找出词类,也就是要找出词和词之间的共同特征。做了这么多年,虽然有了一些成就,但客观地说,目前还没有做出很好的、能为语法学界所公认的词类划分成果来。因为,从绝对意义上讲,每一个词都是一个独特的个体,与其他词的个性都有一些差别,我们称这种差别为特征。正是这种差别,使得我们不可能完全运用抽象的词类概括方法来解决词汇单位间的组合规则问题。这是以前的词类研究所遇到的巨大困难。

当然,我这样说并不是否认词类研究的价值。我们可以换一个角度来研究词类问题,而不再花大的力气去做词的分类工作。每一个词所具有的特征集并不相同,即使是同义词,它们彼此的特征集也不会完全相同。那么,我们从词汇角度去做语法研究时,一个重要的视点或者说是追求,就是要找到词汇的特征。我们要学会从语法关系中来判断,一个词所具有的特征与跟它可能具有组合关系的词之间,是否具有相互匹配的特征。这是我们思考问题的基本点。那么,什么是词汇的特征呢?一个词汇单位的特征我们可以从下面几个大的方面去寻找:

首先是词的句法能力特征。即可否带宾语,有无主语,前后可有几个配价成分等等。这是我们已有研究最多、最成熟的方面。

其次是语义的概念特征。例如,名词会涉及生命度问题,动词会涉及时间量特征和方向性特征,形容词会涉及程度量问题等等。

再次是词语的韵律组配特征。汉语语法体系当中,一个重要的制约因素是单音节和双音节对立所构成的词语的韵律组配能力差异,而且汉语词汇单位普遍存在着单、双音节的对立。单音节的形容词、名词、动词等都存在与之相对应的双音节词,它们在进行语法组合时,都明显地受到韵律特征的制约,这也是我们所要考虑的重要侧面。像汉语中的副词(如"刚"和"刚刚""偏"和"偏偏""常"和"常常")的单、双音节对立,除了意义上的差别外,韵律组配能力也是不同的。美国哈佛大学的冯胜利教授近年来的主要研究领域在汉语韵律句法学,就是想从词的韵律特征上寻找词语的句法能力。这也就是说,在观察词的组合能力时,韵律特征是一个重要的角度。

接下来看认知特征。认知经验对于语法意义的影响是非常潜在的。我们说,语言是一个用经验去表达经验的系统,因此意义的任何理解也都离不开认知经验的作用。崔希亮教授经常讲的一个例子是:"他在讲台上站了40分钟"和

"他在讲台上站了40年"。从语法和词汇的角度讲,二者的差别只是时间词语的不同;而从认知上讲,两个句子所依托的认知背景是不同的。"他在讲台上站了40分钟",它展现的是一个非常具象的时间框架内的一个微观、具体的事件;而"他在讲台上站了40年",却是以一个广泛的时间背景做认知参照的,它所激活的是一个宏观、抽象的事态,讲的是一个人一生的职业。这两个例子说明,词语的时间或空间量的大小所隐含的认知特征,会对我们的语言理解产生重大的影响。我想,这些都是词汇的意义特征在起作用。

最后来看一下语体特征。每一个词都具有内在的语体特征,或者属于口语,或者属于书面语的,或雅或俗。这些特征对语法意义来讲并无太大影响,但是对句子的构成与理解会产生造成一定的影响。汉语中有不少单音节词语成分都具有较强的书面语或文学色彩,它们不适合于口语的表达。陆俭明教授《现代汉语语法研究教程》中曾说过,"对家乡的情"这个短语不能成立。这个例子引起了同学们的思考和争论。有人认为,如果把这个短语放在文学语言的框架下,未必不能说:"对家乡的情、对亲人的爱,无法用言语表达"。这就是词汇的语体特征所起的作用。

当然,词汇的特征绝不仅限于上面几种。我们想说的是,从词汇角度研究语法问题,要从词汇身上寻找各种特征。我们认为,语法上,句子是否合格,本质在于进入这个语法关系的词汇单位在各种特征上是否匹配,是否和谐。

2.2 语法作为关联所要求的特征和谐

语法实际上是一组词汇单位以特征的和谐匹配为基础的组合,它们在本质上就是或大或小的关系。两个词组合在一起便会产生语法关系,随着词汇组合数目的增加,词汇特征的匹配要求便会越来越复杂。这一想法,与形式语言学中所讲的"特征核查"理论有些相像。

有的外国留学生认为形态变化就是语法,而汉语没有多少形态变化,意合性过强,因而汉语没有语法。这种想法当然是不正确的。毫无疑问,每种语言都有自己的语法,只是语法的表现形式有所不同而已。我个人认为,汉语的很多语法关系的内在制约因素内嵌在词汇身上,所以,我特别强调对词汇单位特征的研究。

词汇单位的特征和谐,是我们观察汉语语法句子能否成立的非常重要的参数。拿汉语的存现句来说,"台上坐着主席团"为汉语语法研究中非常经典的句子。这个句子若划分语法成分的话,可划分成"台上/坐着/主席团"三段,是一个合格的句子,因为三个成分之间的语义特征是和谐的。首先,从位置关系上看,汉语存现句中,三个成分的先后顺序关系是有一定之规的,不能颠倒;其次,三个成分所代表的关系是和谐的,它们分别代表空间、存在方式和存在主体,这种语义关系不能打乱。此句虽然也可以前后颠倒说成"主席团(在台上)坐着",或"主席团坐在台上",但是,词序颠倒以后的两个句式所表达的意义,与前句不再相同,后两句不是严格意义上的存现句,它们的句子结构也不再相同;再次,每个词所具有的特征也是特定的,比如句首出现的词作为处所,有大空间和小空间之别。

由此我们想到另外一个句子,"院子里摆着酒席",这是一个存现句,同时也是一个歧义句(是和"山上架着炮"相类似的歧义句),表示状态和活动。状态——院子里已经摆好了酒席;活动——院子里正在摆酒席,一桌一桌地摆。这种句式,若把中间的空间成分换成"桌子上",歧义就消失了。因为"桌子上"和"院子里"这两个词汇单位所具有的空间大小特征不同,大的空间特征可以容纳人的活动,相对小的空间特征不能容纳人的活动,所以"桌子上摆着酒席"一般不会产生歧义,只能理解为存现的状态。这就是词汇特征在起作用。

再举一个例子。崔希亮教授在他的论文中说,"小妹在东京洗衣服""小妹在五道口洗衣服"和"小妹在家里洗衣服",这三个句子所传达的意义有所不同。"东京"是一个宽阔的空间背景,而"家里"相对来讲是一个狭小的空间背景,而"五道口"作为空间背景介于两者之间。因此,"在家里洗衣服"一般不会作为职业而只会作为具体的活动事件来理解;而"在东京洗衣服"就一定会被当作一个谋生的职业而不会作为具体的活动来理解;那"五道口"居于两者之间,因此既可以理解为职业也可理解为活动事件。由此可见,"东京""五道口"和"家里"这三个空间概念所能激活的认知背景不同,要求与之匹配的"洗衣服"的语义也就不同。

一般教科书上比较经典的定义是说,语法是组词造句的规则。我个人认为这样的定义还不够具体。我想说的是,语法是由一组特征和谐的词汇单位所构成的特定关联。

三 词汇与语法的互动

以前,我们在看待语言的意义系统时,往往把词汇单位和语法单位分开来看,分开来研究。我觉得,词汇单位和语法单位在表达意义时,彼此之间是一种互动的、互为因果的关系。在第2部分我们已经讲到一些。这里,我再从其他的角度对两者的互动关系做一些说明。

3.1 词汇单位是语法关系赖以形成的基础

我们说,语法关系是对词汇意义关系的一种抽象,词汇单位是语法关系赖以形成的基础和前提,没有词汇单位的存在,就没有语法关系的存在。我们可以从下面三个角度来认识这个问题。

首先,我们从词汇意义和语法意义这两种意义的关系来看。在语言系统中,有很多的意义范畴同时存在着两种表达方式:一种是语法的表达,就是用一种语法关系来表达一个意义;另一种是词汇的表达,就是直接用词汇单位去表达一个意义。这两种方式所表达的意义范畴是一样的。语言中的很多意义,不光存在于词汇系统中,也不光存在于语法系统中,而是在词汇和语法两个系统中都同时存在,汉语中就大量存在这样的现象。汉语中表达"完成"的意义,可以用词汇单位去表达,如"过""完""掉";若换一种方式,就可用时态助词"了"等语法手段去表达。再比如,"曾经"是词汇单位,是用词汇手段表达"过去"的意义,同时,我们也可以用语法手段"动词+过"来表达"过去"的意义。这样的现象很普遍,我们很希望能把同一意义的词汇表达方式和语法表达方式两条线梳理清楚。

第二,我们认为,语言系统中语法意义的表达会受到词汇意义的分化。以我曾经对汉语"把"字句的研究为例来说明这个问题。在《"把"字句的位移图式》一文中,我把"把"字句分成了五类。第一类表示空间位移,如:"我把书送给小王";第二类表示事物的系联,如"把现代科学成果与农村技术精华相结合";第三类表示心理认同,如"把他当作老师";第四类表示变化的结果,如"把中国变成现代化强国";第五类表示动作行为的结果,如"把头发做得很漂亮"。

从上面的例子我们可以看出,虽然"把"字句作为句法结构的意义具有其整体性,但是我们仍可以把它分化成若干个小类。我们认为,"把"字句最典型的形式是表示空间位移的一类——"我把书送给小王",其中的"书"在此发生了空间位移,这一理解的关键因素是其中的位移动词"送"。在这一空间位移图式下,我们可通过隐喻,对"把"字句的意义进行分化,得到意义不同的四小类"把"字句。"把……跟……相结合"与典型形式在意义上不完全一致,但也存在一定的共性,这就是潜在的位移性。"把……当作……"与典型形式有关系但也不完全一致,它含有心理上的位移性。总体说来,第一类是"把"字句最典型的形式,它分化出四个小类,那么这种分化是如何得来的呢?这种意义分化的基础,其实就是句中动词的词汇意义。也就是说,这种分化是以句中动词的词汇意义的语义小类为基础的。不同的动词进入"把"字句的句法框架以后,会形成"把"字句的不同小类。这是词汇和语法之间互动关系的一个具体表现。一个句式的整体意义是一个样子,而不同的词汇单位进入该句式后,会对整体意义不断进行分化。在做汉语的句式研究时要特别关注这种情形。

第三,我们来谈一下语义相宜性问题。研究语法化的学者会常常提到这个概念。语义相宜性是指,一个词汇单位在进行语法化的过程中,其词汇的语义基础和语法化后形成的语法意义之间会有一定程度的和谐一致关系。

在人类语言中,有一个很普遍的现象:英语中的完成体标记是从动词"have"演化而来;法语中的完成体标记"avoir"也是从动词"有"的意义虚化而来;汉语广东话存在着这样的表达方式,"你有结婚吗?""你有吃……吗?",其中的"有"就表示完成体,是一种体标记;现代汉语普通话的完成体标记虽然是"了",但完成体的否定形式还是"没有",也与"有"相关。从这个现象我们可以看到,在世界范围内,有相当一部分的语言都用词汇单位"有"去语法化为表示完成体的语法成分,这说明词汇单位在向语法成分演化的过程中,都以某种词汇意义为基础,或者说在词汇意义向语法意义演化的过程中都遵循着某种内在的规定性,这就是语义相宜性。

我在《汉语介词衍生的语义机制》一文中,讲一个动词为何会变为介词,哪一类动词会变为哪一类的介词,进行这种讨论的基础,就是词汇单位在语法化时所具有的语义相宜性。学习汉语史的人都知道,汉语"把"字句中的"把",在它作为一个词汇单位,即作为一个动词时,它的词汇意义是"持",是"拿"的意思,动词"将"也是"拿"的意思。历史上曾经有过一段时间,动词"持"也曾经被语法化为跟"把"相类似的介词,但后来被历史淘汰掉了,没有在现代汉语中保留下来。动词"把""将""持"都向表示处置意义的介词结构演化不是偶然的,它们拥有共同的词义基础并向相同的方向演化,就是语义相宜性的作用:有什么样的原始词汇意义,它就会朝着什么样的方向去语法化。汉语虚词的演化过程大都遵循了这样的轨迹。我们看待词汇和语法之间的关系,寻找它们之间的语义相宜性是非常重要的角度。

3.2 语法结构对词汇单位具有选择和规约的力量

语法结构是词和词的组合,组合到一定程度时便会形成一个稳定的框架,当这种框架形成并巩固下来时,就会形成一种整体的句法力量,从而对词汇单位进行选择和规约。一个语法框架形成以后,会对进入该框架的词汇单位进行选择,符合框架要求的词汇单位就会进入框架。一般来说,不符合框架要求的单位不能进入框架。当然,语言在人们的使用中不可能都是那样的听话,偶尔也会有一些不符合要求的词汇单位偷偷地溜进框架里来,它们溜进来以后就会促动语言系统的变化,这就是词汇与语法的互动关系。例如,汉语中有"动词+不+补语"这样的结构形式,如"写不好"。我曾经写过一篇《再论补语的可能式》的论文来研究这种句法框架的意义。这种可能补语的句法框架的整体意义是"愿而不能",即,想做好某事但由于某种主客观原因而没做好。这个结构框架要求补语位置出现的词语,要具有[目的性]的语义特征。这就是一个框架对于词汇的选择,不具备[目的性]语义特征的词汇成分一般不能进入这个框架。经过大量的统计分析,我们得到这样的认识,进入该框架的词语不外乎三大类:一是积极形容词,如"好""高兴""漂亮";二是趋向动词,趋向就是一种目的,如"进不来"中的"来"就是一种目的;三是临时搭配形成的目的关系。总的来说,这种框架会要求进入补语位置的词语必须具有[目的性]语义特征,这就属于语法结构对词汇所具有的选择力量。

我们都知道,语言现象是非常复杂的,它表现在,我们要求进入这一框架的成分应具有这样一种属性时,但也有一些词语偏偏不具有这种属性而进入这一语法框架。例如"打不死",单从词汇意义的层面讲,"死"是不具有[目的性]语义特征的,但"动词+不+补语"这一框架可以赋予"死"以[目的性]的意义——"打"的目的是让被打者"死",这样"死"在整体上又符合了框架的意义。这就是说,语法框架所具有的整体力量,使得这个成分具有了本来不具有的语法意义,我们称之为语法框架的规约力量。

3.3 词汇选择对语法关系的突破推动语言系统的发展变化

从语法框架的角度说,语言中大量的语法框架,它们的结构、意义和功能三者之间的对应关系都处于经常的变动之中,而其中语法意义的变化是最为重要的方面,而导致这种变化的重要因素之一,我想就是进入语法框架的词汇成分在不断变化。而当词汇成分的变化积累到一定程度时,整个框架的语法意义就会相应地发生改变。如果词汇单位之间的相互选择,即搭配关系越来越复杂的话,语言的结构系统也就会变得越来越复杂,这样就不断推动着语言系统的发展变化。我们分三个方面来谈这个问题。

首先来谈一下词汇的超常搭配问题。词汇的超常搭配是指按照一般的语法规则,包括词类的划分原则和句法构成的原则,词汇单位之间不应有而语言中还是实际发生了的某种词汇搭配现象,由这些词汇超常搭配所形成的语法单位,是可以被人们理解并且随着时间的推移而逐渐被人们所接受的。比如"很+名"("很中国""很淑女""很阳光"),又如"动宾+宾"("台风登陆上海""服务人民"),这些都属于超常搭配。拿"台风登陆上海"来说,按照一般的语法规则,"登陆"属于不及物动词,是不能直接带宾语的,但现在这种结构已经使用得相当普遍了。刁晏斌教授在《新时期新语法现象研究》一书中所举的不少新语法现象,都是由词汇的超常搭配引起的。在语言结构系统的发展过程中,这类结构形式在刚出现的时候,常常还被认为是超常搭配,但随着使用的普及化,人们会逐渐接受它们,它们也因此成为语言结构系统中正常搭配的一部分了。词汇的超常搭配推动着整个句法结构系统的变化和发展,语言系统也就是在这样一点一点的变化当中逐渐丰富、发展和变化的。

其次,我们来谈一下语法意义的泛化问题。我们所说的语法意义的泛化,是指一个句法结构的意义在形成以后都具有一种相对的稳定性,但这种相对稳定的结构意义随着进入该结构的词汇成分的变化,会变得与最初的意义越来越不相同,它们往往会经历一个所谓的由范畴化到次范畴化再到脱范畴化的意义演变过程。对于一个语法结构来说,其语法意义随着词汇成分的改变而在不断地泛化。

前面我们讲到,汉语中的"V 不 C"结构,最典型的意义是表示"愿而不能",但这种结构在语言系统中逐渐演化出一种表示性质的意义,而不再表示人的愿望和能力的关系。例如,玻璃很结实,我们可以说"这玻璃砸不碎"。《红色娘子军》中的女主人公吴琼花被称为"打不死的吴琼花",这里"打不死"的意义已由人的愿望、目的,转变成为表示吴琼花所具有的一种性质属性了。可以看到,汉语可能补语的意义在这里已由最初的表示人的愿望和能力而演化成了表示某种事物的属性。我们认为,引发这种变化的重要的内在因素就是"打不死的吴琼花"中的"死"不是典型的表示[目的性]的意义成分。词汇单位的意义引发整个结构体的意义发生了变化。

再拿我最近发表的《"连"字句的序位框架及其对条件成分的映现》中的例子来说明这个问题。我们认为,汉语最典型的"连"字句应该是"他连班长都不认识"一类,"班长"是具有某种我们称之为"有序名词"特征的词,这种"有序名词"在人们的头脑中,可以自然地激活一组相关的具有量级特征的名词,我们能够以这种量级为基础进行推论。如果"他连班长都不认识",那么可以推论他自然也不认识"排长",这是由"班长"所具有的"有序名词"特征所决定的。那有人会说,我们在看到"连"字句对"有序名词"选择的同时,我们同时也看到,汉语中还有大量的"连"字句是对"无序名词"选择而形成的。例如,"他连苹果都不认识",这是为什么?这个问题很好。正是由于"班长"和"苹果"存在"有序"和"无序"的对立,也就带来这两个"连"字句的不同。我们不能据"他连苹果都不认识"而推导他是否认识"橘子""香蕉"等其他水果,因为至少在人们现有的认知经验中,在没有特定的语境提示下,"苹果""橘子"和"香蕉"还没有形成一个自然的序列,我们无法去作相应顺序的推求。那么,我们再来看"他连头都不抬就走了"。这是个不同于前两类情形的句子。"连头都不抬"讲的是一种社会交际行为规范,是一种以时间顺序为基础的序位结构,在意义上与前两句非常不同。这三个句子的句法框架是同一个,而差别却这样清晰,重要的原因就是,句中不同类别的名词带来了"连"字句小类的分化,如果这种分化越来越远的话,就会导致"连"字句在结构系统、意义系统甚至功能系统等方面由典型范畴到次范畴再到脱范畴的逐渐变化。这一点是非常清楚的。

从上面所举的两个例子可以看出,一个语法框架必然要对进入该框架的词汇单位进行选择,选择的成分可分为两类:典型的词汇成分和非典型的词汇成分。典型的词汇成分进入框架,会巩固、强化该框架的典型意义;但是,当非典型的词汇成分越来越多地进入该框架时,该框架的意义就必然发生改变。所以我们说,词汇和语法是一种互动关系,语言系统一直就是在这两者互动力量的推动下发展、变化的。

附录2　从词汇研究到语法研究

总的来说,一个句法结构的意义一旦形成,便会拥有一个比较典型而稳定的意义框架,但这种意义框架又不是一成不变的,它会随着进入这个框架的词汇单位的变化而一点一点地改变着,最后也可能会走得离最初的意义很远很远。

最后谈一下词汇单位的语法化与语法单位的词汇化问题,这也是我们讨论词汇和语法互动关系的一个重要角度。在语言的系统中,不外乎词汇单位和语法单位这两类成分,而这两类成分之间彼此并不是截然分开、互不关联的,彼此之间的互相转换也是经常发生的,这就是词汇单位的语法化和语法单位的词汇化。

词汇单位的语法化是指随着语言系统的发展变化,一个词汇成分变成为一个语法成分。汉语中大量的虚词衍生,走的都是这样的语法化的道路,这样的例子很多,不用细说。

下面,我们着重来看一下语法单位的词汇化问题。我们知道,词和词的组合可能会形成某种语法关系。所谓语法关系是可以分解的,其中的成分是可以替换的。但是,在语言系统中,当有时候某种语法组合随着语言系统的演变而变得不便分解、不能替换时,我们就说这是语法单位的词汇化。大家知道,现代汉语中存在着大量的双音节词,特别是双音节的动补结构的动词(如"提高""说明"等),它们在古代汉语中大都是动补结构的短语,短语内部各个词汇成分之间可以分解也可以替换,但是,现在它们都已变成了词汇单位。

举一些我们眼前的例子。汉语中存在大量的"V 不 C"结构,从语法结构上看,它们是可能补语的结构形式。而现代汉语中,就有一些"V 不 C"结构已经凝固成了一个不可分解也不可替换的词汇单位。例如,"看不起""来不及""气不服""想不到"等等。前三个例子"看不起""来不及""气不服",显然不能分解,也不能替换,词汇化程度很明显。最后一个"想不到"有两个基本用法:

① 这件事情很意外,我想不到。
② 想不到你也来了。

例②中的"想不到"表示人的主观情感和意外的语气,是典型的词汇化的用法了。

下面再举一个由短语正在词汇化的实例。现在,在中学生中,"没办法"产生了新的用法,表示"好到无以复加",用以表示对自己的能力充分肯定,带有得意的意味。比如说"这次考试又得了第一,唉,没办法!"如果此种用法不断得到推广,"没办法"就极有可能发展成为表示语气的词汇成分,不可再分解。有一个有趣的现象值得我们关注,汉语中许多表示语气的成分,都是由短语凝固成为词汇成分而来的,这其中的道理值得我们关注。

这里,我想一再强调的是,词汇和语法不是截然分开的,二者的交替互动,推动着整个语言系统不断地发展变化。研究词汇和语法的互动关系,是我们认识、理解语言运作机制的一个非常重要的方面。

四 走"词汇—语法"相结合的研究之路

我们知道,朱德熙先生所大力倡导的是,语法研究的终极目的在于追求形式和意义的相互验证,相互统一,这是非常正确的方向。我们认为,就汉语而言,由于语法形态的缺乏,我们所能找到的形式和意义之间的对应关系是很有限的。语言的形式终究是有限的,而语言的意义却是无限的,所以我个人认为,研究汉语语法时,要在形式和意义之间找到严格的一一对应关系非常困难。我们更主张,在研究汉语语法时,应在词汇和语法之间寻找彼此的互动关系,从词汇的一系列特征入手去找制约语法关系的内在因素,从语法关系的分解中去寻找词汇成分的选择机制。这也许就是广义形态理论所给我们的启示。

由于语法关系较为抽象,而词汇成分则相对实际,因此,如果我们能够在词汇身上找到制约语法关系的因素,那么,我们就能够找到词汇身上所表现出来的形式和意义之间相互验证的关系。我们在研究语法时,要学会在词汇特征的基础上抽象语法关系,在语法关系中挖掘词汇特征的集合。这是我自己在过去十多年汉语语法研究中所努力遵循的两条线。具体地说,要找语法结构所具有的意义,就应观察进入该语法框架的词汇所具有的意义特征,并对该特征进行抽象,进而得出句法结构的意义;反过来,当句法结构的意义明确化、稳定化以后,我们再按照这些意义去寻找支持该句法框架的词汇成分,观察哪些词汇可以进入该语法框架,哪些词汇进入该语法框架后会带来框架意义的改变,哪些词汇不能进入该语法框架等等。我们如果能够尽力把词汇的分类和语法的分类配合起来,就可以很好地运用到语法教学当中去,帮助学生更好地理解语法项目。词汇和语法相结合所进行的教学,能够使语法教学不那么抽象,也会使词汇教学不会那么零碎。这样的想法,也与对外汉语教学语法所主张的组装语法思想相契合。

附录2 从词汇研究到语法研究

以上,是我按照词汇和语法互动关系的思路,谈了自己十多年来所做的汉语语法研究的一些经验、感想、体会和认识。很荣幸能有这个机会与大家交流。不当之处,恳请大家批评。谢谢各位!

(录音整理:姚京晶)